致想太多的你

逃離腦內劇本、終結內耗循環，**韓國心理學博士**

教你不再被**「思維牢籠」**困住人生！

생각이 너무 많은 나에게

邊池盈●著

郭佳樺●譯

CONTENTS

第二部

逃離腦內劇本、終結內耗——修心指南

第四章

第四章 洞察——發現「自我主題」

第五章

實踐——不反應、不批評，只察覺 135

第八章

第九章

前言　為什麼，我總是想太多？

我們經常將煩躁、生氣、恐懼、自卑、嫉妒、罪惡感等不愉快的情緒，視為「必須克服的對象」；也就是認為壞情緒或負面想法應被消除，並以積極的想法取而代之。我們相信，唯有擁有「正向」的思維和情感，才能吸引好的人事物，生活順遂。

沒有人願意接近那些動輒發脾氣、抱怨連連、總是處於黑暗陰影中的人。因此，我們努力讓自己擁有「生產性思考」、「正向情緒」，並時刻保持「陽光面容」。雖然我們無法完全掌控外界的一切，但我們總認為：「一切都取決於心態」，而「心是屬於自己的」，所以試圖改變與控制內心的一切。然而，**正是這種試圖控制心態的行為，使我們的思緒變得紊亂，導致我們越想越多**。我們誤以為，只要理清思緒，快速擺脫負面情緒，並掌控經驗，自己的生活就會變得更美好。

但我們真的能用思考來改變內心嗎？這本書的答案是否定的。事實上，強行改變內心的努力，反而可能導致憂鬱、焦慮、強迫症，甚至恐慌發作。過度思考不僅會降低認知功能，還會消耗我們應對現實問題的能量。之所以陷入無止境的思考，是因為我們不了解「心」的運作方式。那麼，究竟什麼是「心」呢？

精神醫學家森田正馬[1]對此有一個有趣的解釋：

「心是不斷流動與變化的東西，它並不是一個固定的實體。正如燃燒中的木頭沒有固定形態，心也是如此，總是不斷變動、漂流。心，就像火焰一樣，存在於裡裡外外大小事情之中，它既不是木頭，也不是氧氣，而是燃燒的現象本身。」

這句話是什麼意思呢？讓我們來看一個簡單的例子。

假設秋天天氣乾燥，一根枯枝被菸蒂的火星點燃。丟下菸蒂的人並無意引發森林大火，但火焰卻在瞬間蔓延，甚至可能在短短一小時內燒毀整座山林。點燃大火的「罪魁禍首」是那個丟菸蒂的人，但他並非唯一的原因——乾燥天氣、樹枝的狀態、氧氣、風勢等各種條件，缺一不可。如此多的變數及條件結合在一起，讓火勢一發不可收拾。

假如引發大火的罪魁禍首（也就是抽菸的那個人）趕緊撲滅火源，就可以終結大火了嗎？不，正因不可能，我們需要動員數十名消防員、灑水車、直升機來滅火。如果風勢強勁，別說幾個小時，甚至要花上好幾天才能完全撲滅火災。這與我們試圖控制自己內心的道理是相同的。但其實，縱火與滅火都不完全取決於一個人，我們卻以為能憑一己之力改變情緒，才會不斷陷入無限迴圈。

再來看看「心」的另一種定義吧！《離死之心》（*Mind Beyond Death*）[2]這本生死指南書是如此說明的：

「原始的我們與我們所在之處，就是『心』。心從未誕生，也從未停下，它就待在那。心是超越時空的概念，它就是它。直至我們能完全找回原應具有的無盡智慧及慈悲，喚醒我們清淨且自由的本性以前，心將不停周遊在外，它是肉體裡的客人。」

書裡稱心為「肉體裡的客人」，意指心並非我能創造、改變或指使的，而是無法控制的「客人」。身體動作某種程度上能照自己意志改變或控制，而心靈流動卻並非如此，為什麼呢？可能因為心靈並非實體，是**產生於人際關係之間的現象**，也可能是因心靈過於龐大，龐大到無法用我們的思維理解。

就好比無邊無際的天空與大海，我們的意志能改變天空與大海的景色嗎？不可能，也沒有必要。心靈的流動，我們也不可能改變。不過，觀察自己造成的變化，並停止變化還是可行的。觀察身體動作更容易造成哪些想法或情緒，同樣可行。

我們能看自己如何運用身體、進食、睡覺、走路、活動，看自己接觸世界的每一刻造成什麼樣的反應。我們能看自己見了誰以後，產生開心或不開心的情緒，看自己執著於哪些事情，逃避哪些事情。

火勢一燒起來，就難靠一己之力撲滅。但**我們可以做的**，**是留意**天氣是否乾燥，周圍是否有乾樹枝，並注意別攜帶可能造成火源的物品。了解易引發火勢的時間和地點，是我應做的事情。

雖然不能控制他人做出我不喜歡的行為，但反覆思考或預想他人言行，導致自己產生不愉快情緒，是自己分內之事，我可以選擇不這麼做。反覆思考或製造擔憂、後悔、焦躁、埋怨，就等同自己在尚未茁壯的火苗上澆油。

過度思考最常見的類型是「反芻」（rumination）。反芻指的是處於負面情緒下，又反覆思考過去導致該痛苦情緒之經驗。例如：「我當時不應該那樣做」、「都是那件事害的」、「明明做得到」、「要是我當初做了不一樣的選擇……」這些與既定事實相反的假設通常伴隨後悔與罪惡感。只要事情一不順利、不照計畫走，我們就責怪自己或怨恨他人，最終讓自己陷入憂鬱情緒。反芻的最大特徵是思考方向皆面向過往，深陷於過往的泥沼中。

若說反芻是深陷於過往泥沼，那未來之苦就是「過度擔憂」了。沒有人能完全不擔憂，但問題在於「過度」。過度擔憂的人，總是想太多尚未發生的事情，消耗太多能量在腦海中模擬各種可能情境，試圖事先做好準備。

習慣過度擔憂的人，即便考試考上了、目標達成了，其他人都紛紛道賀恭喜，他們也無法真正感到喜悅，因為下一個目標或問題早已占據了他們的思緒。由於他們習慣了一直思考尚未完成的事情，擔心自己做不好的恐懼與緊張情緒揮之不去，讓他們始終活在焦慮之中。

兩種過度思考的模式都讓我們的注意力「停留在過去或未來」，讓我們沒辦法投入足夠心力在當下進行的事情上。

那究竟為什麼我們總是無法擺脫這些想法呢？因為過度思考其實是有其作用的。過度思考通常是一種調整情緒的策略，用於碰上不愉快經驗，希望控制局勢時。它帶給我們錯覺，好像只要找出當下出現負面情緒的原因，加以分析並預測結果，就能掌控這個局面。

當然，因為此種方式的副作用遠大於成效，專家還是建議大家應學習接受負面情緒本身，或用不同角度重新解讀負面情緒等方法，而非過度思考。[3]

所以「越想越難過，就別想了」這種話是沒有意義的。我們應該去探討**此種思維究竟是為了彌補或掩飾哪些事情，又與哪些情緒與經驗有關**。如果問題來自於注意力，可以去訓練專注力。如果問題來自於情緒，那我們應該嘗試正視情緒，深入了解。若想更進一步改善思考方式，就得去「修行」。所謂「修行」是什麼？就是去了解生與死如何連結，人與人或事物與事物之間如何產生連結。

每個人都僅有一副身軀，該怎麼做，才能充分運用我們的身軀呢？想走出「思考牢籠」，首先我們需要一張指引出口的地圖，還得綜觀局勢。接下來，讓我們一起來探索吧！

第一部

獻給困在「思考牢籠」的你

第一章

這些想法究竟是為了什麼？

「人類的心是厲害的說故事專家，用想法、情緒、感覺的絲線，不斷交織出自己與生命的故事。這種心理特性一定有其用處，但從來無法告訴我們整體故事樣貌。」[4]

——安潔雅・馬汀（Andrea Martin，編輯）

內心創造的故事

一名育有漂亮女兒的中年男子正趕著回家，腦海裡想著他親愛的家人，接著，他碰到一名青年迎面走來，詢問是否能借打火機。男子的腦海中開始浮現這樣的聯想：

「這名青年給人印象不錯，如果我借了他打火機，他一定會說謝謝，然後更主動接近我，然後我們應該會變熟吧？變熟以後，他就會說想來我家坐坐，接著到了我家，看到女兒後，一定會愛上她。他長得不錯，我女兒應該也會滿意吧？要是這個傢伙和我女兒結婚的話呢？不，絕對不可以！」

這名中年男子突然向借打火機的青年大發脾氣。

「就！跟！你！說！不！行！」

對著借打火機的青年大發雷霆後，男子急忙走掉……你能想像對方的表情嗎？

這是小時候我讀過的某篇短篇小說內容，雖然不記得作家與書名，但故事內容卻清楚印在腦海裡。那大概是小學時候吧？當時讀完以後也覺得非常有趣。你怎麼看待這位男子？他想像力太豐富了嗎？或許根本有妄想症？

當然，作家為了詼諧呈現這種傾向，將所有內容壓縮在短短篇幅裡，確實有誇張的成分在。不過這種傾向與我們一般的思考模式非常類似，只是有些人比較少聯想，有些人比較常聯想；所有人腦中的想法都會一個接一個出現，甚至可以說，人們都「活在思考之中」。

憤怒爆發背後，都有劇本

這次，我們拿日常生活中經常看到的例子做說明。

一位媽媽叫剛放學回家的兒子去寫作業，兒子說先讓他玩手機遊戲三十分鐘，再去寫作業。媽媽勉為其難答應了。辛苦工作回來的媽媽，又著手去準備孩子的晚餐。一個小時一下就過去了，她去找孩子，問他寫完作業了沒有？而孩子沉迷於手機中，壓根兒沒聽見媽媽的呼喊，這時媽媽突然大發雷霆：

「我跟你講幾遍了？是不是叫你先寫作業再玩遊戲？你就一定要我講那麼多次，就要人家在旁邊盯嗎？你為什麼老是學不會自動自發？」

要是孩子可以自動自發，自己把自己的事情做好，那該有多好？**為什麼**小孩總是找更多事情給媽媽做呢？光上班就讓媽媽奔波忙碌一整天了，積了一肚子火，再也無法忍耐，媽媽坐上憤怒的手扶梯。

「還有，你為什麼沒告訴我昨天學校有考試？我不是叫你提前做準備嗎？我到底要幫你幫到哪裡？自己的事情都做不好，以後要怎麼過日子？你現在是不把我當一回事是不是？你以為外面這麼好混嗎？」

已經劈哩啪啦教訓一頓的媽媽，她的憤怒依然不足以發洩完畢，手上的碗盤「砰」，手指頭也「噹」，椅子也是「砰砰砰」地放。

現在這裡實際發生的，只有「媽媽說小孩玩手機遊戲三十分鐘後，就要去寫作業，結果小孩玩了一個小時遊戲，作業都還沒寫」。這是身邊常見的，非常單純的事件。但媽媽心裡上演的，大概是如此龐大的劇本——

「就一個兒子而已，別人家小孩都會自動自發，他連這都做不到，整天只顧著玩手機遊戲。自己都管不好自己，真擔心他長大以後沒辦法負起責任。光公司的事情就讓我累死了，臭兒子還給我找事情做！我這麼認真過日子，為什麼大家都要找我麻煩？為什麼大家就不能自己把自己的事情做好？難道我做錯了什麼嗎？這孩子為什麼這麼不聽我的話？到底為什麼？」

問題不在媽媽身上，也不在兒子身上，**問題只出在「劇本」上**。

前面提到的小說片段中，實際發生的僅有「先生，請借我打火機」而已，但那位先生腦海裡不斷聯想，一瞬間就寫成了龐大的小說劇本，而我們的日常生活中，同樣經常在實際發生的事情上加油添醋，讓擔憂與焦慮源源不絕。

反應來自「你的」加油添醋

假設現在直接發生的事情是「十」，那我們就是把那件事情在大腦中自行補成「一百」，然後為此擔心、失望、難過、憤怒、陷入受害者意識，或怒火中燒。也可能是相反情況，明明是一點小事，卻已經滿懷期待，開心不已，甚至是為之興奮。當你感覺「情緒一直上來」、「被情緒籠罩住了」，就得弄清楚——自己究竟把哪些事情變成一百了？實際發生的十是什麼？我自己添補的九十是什麼？

其實，並不是外在事物或事件讓我們激動，而是**我們對事件的想法、情緒、解析及判斷，讓自己情緒高張，並非事件本身**。所以**若能發現誘使自己做出反應的觸發機制，或讓我們想太多的連結機制**，就有機會停下來，有機會改變。若無法確實掌握這部分，再怎麼下定決心，也很難改變我們的行為。

一開始我們會把發生的事件及自己的反應視為同一個東西，分不清哪個是十，哪個是九十。就像剛剛那位媽媽心想「孩子連自己分內事都做不好，還不聽我的話，我當然生氣」的反應一樣，認為自己的反應非常理所當然。但是，只要打起十二萬分精神，不斷努力試圖區分兩者，慢慢就能看得清楚。

我們將慢慢懂得分清楚孩子說的話或做的行為，**究竟觸碰到我的哪一點？**又如何讓我的情緒一點一點高漲，飛快坐上憤怒的手扶梯。一開始，我們看不見其他選擇，以為自己不得不坐上手扶梯，日後便可以開始看清楚每一個過程或階段，不再踏上手扶梯，有能力在搭上去以前按下停止按鈕。

其實對方的行為是對方的領域，我的行為屬於我的領域，因此我不能決定對方的行為。即使是配偶、子女等再親近的關係，個人的行為，個人負責。這問題並不是誰可以改變或干涉的，並且就算對方做了什麼，也不代表我就得那樣做。比如就算對方罵了我，也不代表我需要去罵對方，我的反應取決於自己。

不斷練習區分「真正發生的事情」與「自己內心的反應」，就會看見兩者之間明顯的界線。反覆練習下去，這兩件事將會自動即時分離。其實光靠實際發生的事情，情緒很難高漲，都是因為加入「想法」這個酵母，情緒才會像空心餅一樣膨脹。

衍生出「那個人老是不把我當一回事」、「我為什麼老是被人家害到」、「現在完蛋了，都完了」、「根本就沒有人愛我」或「我被大家遺棄了」等極端想法的，並不是實際發生的事情，那都是我們的解析、判斷與想法。

當我們越來越能發現自己內在真正的想法，剛剛那位孩子的媽媽就會明白：「讓我生氣的並非孩子沒寫作業這件事，而是他讓我需要花心思去檢查、注意他，所以我才生氣的。原來我現在很累啊！」然後更努力了解自己的心理狀態，並多照顧自己，自行降低情緒緊張與壓力程度，懂得舒緩自己。

當她稍微緩下來，心靈多了一些餘裕後，就能將自己的問題和兒子分開來看，懂得想成：「孩子也不是故意造成我的負擔，所以我不應該生氣。我要做的是賦予他動機，讓他能自動自發做好自己的事情。我該怎麼樣才能讓孩子自己產生動力，做好分內事呢？」如此一來，就能更有效處理這兩個層面的問題，也能逐漸減少因情緒滿溢，將不該說的話說出口、自己後悔不已或做出極端行為的狀況，憤怒便會慢慢消退。

將劇本撕掉，削弱劇本帶來的威力，不讓自己掉入慣性思考模式，這幾件事情就能讓我們解放。這可以讓我們**停止反覆上演的行為模式**，做出更好的選擇。如此一來，最大受惠者其實是媽媽本人！

澆水或拔除，是我的選擇

我們每個人都有一塊「心田」，不過，問題是這塊田並不是當初我決定要買的。明明不是我要買的，但它就是在那邊，叫我必須整理一番，不僅無法退回，也無法更換。而且這塊田還是不是最近長出來的，它已經長了數百年、數千年、數萬年，蘊含許多生命的蹤跡、複雜的歷史。我們根本不知道原先誰種了什麼、怎麼種的，就已經到我手上；土壤的質地、狀態也都不是我能輕易控制的。

種子也一樣，有時候我播下種子，但有時種子隨風而來。想法也是一樣的，有時我創造想法，但有時想法從外面飄來；它們可能像灰塵一樣在空中飄散，突然間就掉了下來。有時候，也可能從隔壁鄰居的田移植過來。因此，我心裡產生的想法並非全屬於我的責任。

有時，大眾媒體傳播乘載的無數碎片就偷偷躲藏在我們心裡，晚上出現於夢中，或在無意識之中重播。我們從各個地方聽來的故事也可能掉到田裡，然後生根發芽。我們並不是封閉的完成個體，而是**隨時透過互動變化的開放式結構**，我們因此深受周圍大小事影響。對那些事情的想法，產生於我心裡的所有想法，都不是我的責任。

那麼哪裡開始才算我的責任呢？

種子歷經颱風、下雨、天寒、天暖，歷經四季變化後逐漸成長；溫濕度及天氣狀況對了，種子就萌芽了。這時，我們就要繃緊神經了。這塊田的土質、掉在田裡的種子、天氣，都不是我的問題，而有沒有發現種子萌芽，決定要不要繼續栽培，都是我的責任。要給哪顆樹苗澆水，使它茁壯，都由我決定。明白決定自己心田風景的人就是自己後，就能看得更清楚。

舉例來說，當嫉妒或懷疑某人的想法開始萌芽，當受害者意識開始不斷萌生，縈繞在腦中，究竟該替哪些想法澆水、施肥，繼續培養，或是讓它到此為止，斬草除根，取決於自己。

我們可以好好注意內心，花時間精力仔細照料，讓心田綻放出花朵與樹木，也可以放縱心田變成一塊廢墟，雜草叢生。**我們要做的，是決定賦予哪些想法力量，培養哪些想法**，打造成什麼樣的庭院。如果不明白這個道理，這輩子將繼續受限於差不多的想法，成為思考的奴隸，受它控制。當我們理解自己必須注意哪些想法萌芽了，進而篩選自己需要的樹苗繼續培養，不需要的樹苗則讓它停止生長，並且付諸實踐，方能成為心靈真正的主人。

每個人都有不同的背景條件，比如遺傳因子、成長環境、家庭、社會文化背景等眾多決定個性的重要因素，那些都不是我的選擇。不是因為我做錯，是因為當初的起始點本就不利於我們。

我們可能生在容易患上憂鬱症的家庭，可能成長於容易出現成癮症狀的家庭，可能帶著天生不擅長人際關係的遺傳因子，或遺傳到特別容易焦慮的特質、天生ＩＱ不高。又或者是比其他人更衝動，更具有強迫症性格。

即便如此，我下的判斷、我所思考的、我的一言一行都必須由我負責。當然，一定有些人，在適應社會上比其他人更辛苦。

而我們不明白這一切的道理及條件，總是隨意對他人品頭論足。其實所謂「理解」，指的是**理解那個人的背景條件**。理解自己，其實就是**理解自己所處的環境、條件**。我們很難改變條件本身，但是能改變對條件的反應。若能了解自己反應的方式、邏輯，改變對某些條件的態度，就能創造出過去沒有的、全新的條件。這就是心靈擁有的驚人魔法，心靈是沒有極限的。

水中套圈圈遊戲機

孩子們最喜歡的文具店裡，有許多小巧可愛的遊戲機，其中有一款是按下按鈕後，水流會開始波動，使裡頭小圈圈動起來的遊戲機。誰能讓更多小圈圈套進裡頭固定住的棍子，就是贏家。這款遊戲機被稱為「水中遊戲機」或「水中套圈圈遊戲機」。

如果你在按下按鈕之前觀察遊戲機，會發現那些圈圈其實靜靜地躺在底部。但當你按下按鈕，機器裡突然就「多」了許多圈圈。然而，圈圈並不是突然冒出來的，它們本來就在遊戲機裡，是水流出現波動，讓圈圈從地板上動了起來。

按按鈕的次數越多，水流變化越劇烈，圈圈便隨著水流四處翻滾。我們的內心也是如此運作的。我們常說：「被你氣死。」、「真討厭他。」、「真是太可怕了，真希望趕快解決。」然而，真正讓我們心中的「圈圈」動起來的，並非外在的對象或事件，而是我們內在的水流，是我們按下的按鈕。**若我們不按下按鈕，就不會起漣漪，**不起漣漪，圈圈便不會飄動了。

我們對外在事件的反應往往是自動且無意識的，因此我們通常很難明確察覺自己的「按鈕」、「水流」及「圈圈」，我們感覺到的，是「一整包」的事件。我們通常會自動歸類出「原因」與「結果」，將事件視為一個「故事」，當成是一個故事。

例如：「那個人這樣說，當然讓我非常生氣！話怎麼能這樣說？現在是瞧不起我嗎？」又或者是：「〇〇〇不接電話。你看，他果然在生我的氣。真沒想到他居然是小心眼的人，這樣以後怎麼共事？每件事不就得再三考慮他的感受了？真是麻煩。」我們的思緒飛快運作，一下子就導出原因與結果。我們的內心不斷創造故事，根本沒時間去確認這件事情是否正確，還是有點被誇張或扭曲了。

我們之所以用思考加油添醋，將它們串連起來，好讓自己更能理解已經發生的事情或狀況，原因是為了減少不確定性，並試圖掌控整個局面。

然而，諷刺的是，這種認知上的努力不僅沒有讓我們更理解事情真相，反倒加深了誤解。那些心中的猜測、期待、判斷或思考，使我們無法客觀看見事情或狀況的原貌。

不過，如同片桐大忍禪師所說：「無論事情發生與否，我們可以選擇停下來，我們可以打開自己的心，試著看整體局勢。如此一來，我們將能收穫眾多。」[5]

我，我，我！

每個人腦中都有一些特別容易被觸發、快速膨脹的主題。不過神奇的是，究竟是什麼樣的主題、如何膨脹，多少有點因人而異。

比如有些人對於「這些人不讓我一起參與，這是在排擠我嗎？」的主題相當敏感，只要有一丁點暗示到這個主題的事情發生，按鈕便馬上被按下，天馬行空寫出相關故事。而且腦中撰寫故事的速度，比實際發生事情的速度還快。所以他們的一言一型其實早已經過扭曲，如此一來，彼此關係就更可能打壞，情況更加惡化。

如同前述，許多人比較敏感的主題有「現在意思是我做錯了嗎？」、「是在怪我嗎？」、「現在是因為我沒錢（是女生／年輕／沒念大學／來自其他縣市），所以瞧不起我嗎？」、「現在是說我長得很醜嗎？」、「要是其他人覺得我能力很差，該怎麼辦？」、「為什麼每次都是我受害？」、「這些人是不是又想利用我？」

你們發現了嗎？這些主題有什麼共同之處呢？

沒錯，他們都是與「我」有相關的主題。

我們容易擔心別人對自己有負面觀感，怕別人對自己不好，成日戰戰兢兢。每個人討厭、敏感的主題多少有點差異，但關鍵字非常類似——**全都是與「我」有關的憂慮及擔憂**。

我們都希望身處於安全環境，希望保護自己，遠離心理、物理威脅。這樣的特質源自於下意識的生存本能，它本身並沒有問題，當這種特質過了頭，導致「過於」擔心，或太想要預測未來，就成了問題。因為腦袋裡的濾鏡太多了，所以將更難察覺真實狀況與現實。

我們花太多時間活在思緒裡，而非腳踏實地，立於地面上（現實中）；然後過度解讀發生在自己身上的事情或狀況，過度反應。等到逐漸無法即時接觸現實，思考模式僵化，可能就會演變成慢性焦慮或慢性憂鬱。

要怎麼樣才能減少這種特質呢？有一個簡單又確實的方法——冥想。**冥想是一種「停止」**，可以讓那些虎視眈眈、一逮到機會就自動開始蔓延的想法或重複播放的故事暫時停下。同時，冥想也讓我們體驗究竟什麼是「現在發生的」；它能讓我們明白自己的身體通道或心田中，出現了哪些小分子，又有哪些小分子變大、結合在一起，或是各自分開了。

若用前面提到的水中遊戲機來比喻，我們將會藉由冥想，清楚看見「圈圈」、「水流」與「按鈕」這三件事。

原先我們將狀況視為一樣東西，迅速掠過，經常看不清楚究竟是哪些東西一個接連一個，造成我們現在感受到的情緒，又是從何時開始出現那樣的想法，而冥想就能「照亮」這些過程。

我們將能立刻察覺自己因哪些事情是按下遊戲機按鈕，也會發現圈圈是隨著水流開始漂浮，四處移動。那些紅色圈圈、藍色圈圈、綠色圈圈在水中飄浮不定，我們會開始靜下來想：「我應該先注意哪一個圈圈？」、「該把哪個圈圈串到哪根棍子上？」還是：「先讓所有圈圈全部沉澱下來？」我們將能慢、慢、地具體看出這些心靈現象。當我們再受到刺激，將會懂得**停止過去「即刻反應」**的模式，為接受刺激到產生反應「預留」一點空間，就有餘裕做出更好的反應。

什麼也沒消失

「若將佛祖給世人的教誨精簡為兩件事，那會是『智慧』及『慈悲』，所謂智慧，指的是深刻領悟『無常』。生命本就無時無刻來來去去。而慈悲指的是深刻領悟『萬物皆是相互依存，同時發生』。所有生命皆是彼此互相連結。跟隨慈悲的教誨，生命就能獲得寬恕。話雖如此，但按照佛祖對智慧的教誨，其實生命中沒有任何部分會被寬恕。」

這是片桐大忍禪師曾說過的話[6]。是不是覺得有點令人起雞皮疙瘩？我第一次接觸到這段話，覺得最後一句話非常可怕。什麼叫做「無法被寬恕」？我想大概是「無法當作沒發生過」、「無法抹滅」的意思吧？

佛教認為，貯存於「意識倉庫」中的種子會變成想法、言語、行為，那些想法、言語、行為又將重新回到意識倉庫存放，因此什麼也沒消失。舉例來說，A經常有a類型的想法，B則經常因為b類型的想法而困擾，這些模式並非出自於偶然，是因為我們從很久以前就經常替那顆種子澆水，栽培它長大的緣故。

換句話說，若不希望自己經常產生不好的想法，就不應該替那類種子澆水。倘若現在我身上發生不好的事情，那是以前的種子種下的果。現在還為時不晚，我們現在就應該停止替厭惡、忌妒、眼紅、憤怒、埋怨、怪罪心態，以及覺得委屈、焦躁等煩惱的種子澆水。

要是煩惱的種子在不自覺情況下生根發芽，只要被大腦意識掃描到，我們必須盡快察覺，不讓它繼續成長。只要從現在開始下定決心，不再培養那些種子生根發芽，那種思考的習慣就失去威力了。

不過，我們也可能因為自己沒做的事情受到折磨，這是因為所謂的「業」本是「共業」。過去幾年因害怕病毒肆虐，我們進行防疫消毒，將大量消毒物質排進土壞、大海中。我們很快就會為這些舉動付出代價，十分悲傷，但無可奈何。所以我們不需要生氣，不需要覺得委屈，在地球上發生的事，就是生活於地球的所有生命體的事情。

我們無法當作什麼都沒有發生，無法挽回任何事情，就算再小的事情，也不會就此憑空消失。我們的想法、言語、行為，全都是掉在心田的種子。就算田中綻放的不是美麗花朵，而是我們不喜歡的雜草，也不需要生氣，只要明白「原來是自己無意識中種下的種子」就好。想站在至高點看見人生全景，我們需要「修行」，沒時間隨意揮霍。

第二章

為什麼總是反覆上演？

「我們可能碰到各種想法，但別跟上去，也別培養它。」[7]

——前角博雄（洛杉磯禪修中心創辦人）

那些「問題」，其實一點都沒問題

發生不好的事情時，有人發脾氣，有人假裝沒看到。有些人選擇怪自己，有些人怨天怨地。有的人明明幫著別人，又覺得不希望這樣下去，但也有的人總是自己一肩扛起，卻又覺得處理一切實在令自己疲憊。人們習慣用熟悉的方式處理，卻又想很多，思考自己是不是有問題。我們從未想過**煩惱裡頭其實有智慧存在**，只是想趕緊找到答案，知道怎麼樣才能讓自己變更好，怎麼樣才能改變。

北美最知名的僧侶佩瑪·丘卓（Pema Chödrön）於著作《懂生，才懂死》（*How We Live Is How We Die*）一書中，詳細說明了「我們認為是問題的，其實一點都沒問題」，這就是我們要討論的「精神官能症狀*與智慧的五種組合」原理。精神官能症最具代表性的症狀，其實也是每個人多少擁有的問題——憤怒、貪心、忌妒、自滿、無知。佩瑪想表達的，是要我們去發掘自己的「傾向」，**了解自己更偏向哪一邊，更常經歷什麼樣的情緒**。

有趣的是，書裡說別為自己的傾向或特性感到羞恥，也不要討厭那樣的自己，而是真正走進去，讓自己完全連結——那就是智慧了。大部分的人在看清自己的弱點後，通常會嘗試改進或克服，然而這本書卻更強調那些部分本身就是智慧的基礎，因此別只看到其中一面，也應該找到與精神官能症狀連結的智慧層面，仔細琢磨。

主要傾向屬於「憤怒」的人雖可能帶給他人傷害，但他們的尖銳及精準度，同樣可以成為「銅鏡般的智慧」。「貪心」雖然愚蠢，總是執著、渴求某些事物，自己折磨自己，但經過一番修行，加以修整後，就能走進「明辨是非的智慧」。「嫉妒」傾向通常是不停奔波，具有批判性特質，可能讓周圍的人吃苦頭，但若能完全與裡頭的

＊編按：指任何引起沮喪的精神失衡，如焦慮、憂鬱、緊張、害怕、不安等症狀。

能量連結，將達到「成就萬事的智慧」。「自滿」通常自以為與眾不同，他們執著於自己的領域、形象、物品，抱持封閉態度打造自己的城堡，但真正看清本質，並走進去，將達到「平等心的智慧」。最後，當愚鈍又無動力的「無知」煩惱能量覺醒，將達到「法界*的智慧」。

總之，無論是憤怒、貪心、嫉妒、自滿或無知，我們都**不需要刻意去消除或迴避那些自己所經歷的煩惱**或精神官能症狀，**只要走進那些能量的正中央，讓自己完全被連結，即是智慧境界**。

基因、幼年成長環境、我們親身遭遇的人與事、教育學習經驗、社會文化風氣影響等因素，都會讓我們的特質更朝向特定方向發展。很多時候，我們反覆遭遇的困難及問題，會因自己的情緒習慣、思考模式、言行舉止變得更難、更頻繁出現。我們每個人的傾向，及與傾向相關的「自我主題」並不是單純的心靈問題，它同樣會影響我們所遇見的人、經歷的事件。

比如自我主題是「務必避免被疏遠或落單」的人，因為總是配合、聽從他人，導致就算對方對他無禮，他也經常強忍下來或一笑置之，選擇迴避衝突。這樣的人反而難打造出互相尊重、體諒的關係，讓自己更覺孤單。

自我主題是「不想被人看不起，就要強勢一點」的人，因為對「瞧不起」的相關訊號非常敏感，本人常在不知不覺中做出帶有攻擊性的反應。所以他們經常碰到人們對他產生抗拒反應，最後又淪落到被他人看不起的狀況。

自我主題是「沒人理解我」或「沒人願意同理我的難處」的人，因為只看得見自己的問題，視野狹隘，經常無法理解身旁親近的親友，更無法與他人產生共鳴。

我們都將自己放在世界中心，以此看待他人及大環境。無論是什麼樣的故事，我們通常容易把自己當成「主角」，所以悲傷或受害程度被放得更大，喜悅也被放得更大。然而我們經常忽略一件事——**我們不僅是故事主角，同時也是故事的執筆作家**。

或許是對狀況的解析影響了日後體驗的關係吧？你會不會覺得很奇怪，有些事情就是

＊譯按：佛教術語，普遍而言「法」指的是「世間萬物」，「界」則指的是「分界」。

經常反覆上演，有些問題就是經常碰到？每個人都有自己的傾向、模式，或許，我們都困在「自我主題」中，一輩子寫著類似的故事情節吧？

所以，我們必須明確找出「自我主題」。若無法具體詳細找出來，就很難改變。那麼，究竟該如何找到自我主題呢？其實，只要**好好觀察自己平時的不滿、煩惱、痛苦，裡頭一定有反覆出現的主題**。試著回想自己經常煩惱的問題、經常對朋友抱怨的內容，或時常發生在自己身上的痛苦問題吧！一定有些難題，是你當下看起來像解決了，卻總是換個包裝後又重新出現。我們要問自己：

「有什麼問題是我一直以來為之困擾的？」

「那是什麼樣的經驗？」

具體了解內容後，用一、兩句話概括整理。接下來，我們得換個角度看待問題，所以試著拋出這樣的問題：

「為什麼我一直把這當成問題？」

「視這件事為問題的心態裡，究竟有什麼想法？」

碎片體驗帶來的疲勞與焦躁

如今這個時代，只要有手機在手，就能取得所有我需要的東西，不需要大費周章，千里迢迢去尋找。我們可以從國外訂購物品，可以在原地就取得簡單資訊。不過奇怪的是，人們好像並沒有因此過得更幸福。不過，這說來也有道理。畢竟從人類歷史來看，從來沒有一段時期，有哪一個國家處於完美和平的狀態。

無論技術看起來再怎麼發達，社會再怎麼發展，我們感受到的生命品質似乎並沒有太大差異，只是更忙，也變得更空虛。像華特・班雅明（Walter Benjamin）[8]這些哲學家早在一百年前就很清楚明白，技術與產業、資本與市場對大多數人而言，並不會帶來更好的生活。班雅明認為其中一個原因，是近代以來雖增加許多「碎片化的感覺體驗」，然而「綜合、整體的經驗」卻是萎縮的。

換句話說，「經驗的品質」不一樣了。稍微發揮想像力回想一下，應該不難理解。比如在網路及數位裝置進入到大眾日常生活以前的一九九〇年代，最能廣泛囊括即時事件的媒介是報紙或電視新聞。至於國外大小事，若國內媒體不去報導，我們很難馬上知道消息。再回溯到更早以前，韓國家家戶戶都有電視是自一九七〇年代開始，那麼在那之前，人們聚集在一起都談些什麼呢？

人們談論的，大多會是家人、朋友或鄰居的故事，頂多再加上從友人那裡聽來的事情。大家不可能知道遠方的事情，也不可能談論。因為沒什麼間接體驗的機會，因此主要談**自己的「經驗」**，藉由互相交流過程，向親近的人傳授自己的智慧。以前的人類有更多機會向比自己經驗豐富的長者尋求建議，親自學習。然而，隨著電視及新聞越來越普及，昔日社會風貌出現了變化。

現在我們不僅有主觀的經驗，更有專家的知識或看起來更客觀的資訊，大家開始仰賴這些新資訊。間接體驗的量開始急遽增加。接下來，當我們又有了網路與智慧型手機，又出現什麼樣的變化？我們已經能接收國內新聞，現在還能接觸到國外發生的大小事件，甚至是與我一點關係都沒有的人的資訊、消息，資訊量過度氾濫。相較於自己實際體驗的事物，間接體驗的形象比過去多上更多。在接觸的資訊種類及數量急遽增加的情況下，**我們的大腦意識還沒來得及理解、接受，便不斷從外在輸入刺激，**我們也就這樣一天天過下去。

從大腦可以處理的資訊量或刺激強度來思考，大概就像是活在一個早上起床去上班，捷運就發生事故，中午時大樓崩塌，晚上回家路上橋又塌陷的時代吧？因為從感覺器官接收進來的資訊，大腦還來不及處理，所以乾脆跳過許多東西，或是讓我們對一些東西麻木，勉強維持平衡。

就算沒有特別做什麼，也會覺得很疲勞，就算不怎麼忙，內心也會變得焦躁，整個社會彷彿不讓我們靜下片刻。這就是數位時代隨處可見的景象。現代人，尤其是年輕人經常碰到的憂鬱、不安和厭惡情緒，就是這種時間與空間條件下的產物。

與自己連結，別想省時間

接下來我們更具體地探討數位時代與體驗品質、心理問題之間，究竟有何種關聯吧！現在大家普遍用金錢來換算事物的價值，時間被視為幾乎等同金錢，例如人們喜歡「三年創造一千萬」勝過「十年創造一千萬」。時間已經與費用畫上等號，無論是個人或企業，大家都希望縮短時間，盡可能盡快將事情做完。

韓戰後百廢待興又缺乏天然資源的韓國，之所以能創造出戲劇性的經濟成長，都是靠韓國人的「快點快點」文化及勤勉特質作為動力基礎。如今多了數位技術後，「快點快點」儼然成為現代人應具備的基本素養，同時也是最佳的特質。無論是食物外送、物流，甚至網路，每件事都要「快、快、快」。慢了就是無能，就是不勤勉，就是偷懶，就是很糟糕。沒有明確理由或補償就乾等，別人會說是傻瓜。因為時間就是金錢，而你浪費了時間。這種風氣意外縮減了我們的經驗幅度。

其實，生命本就是不斷失去。我們每一天都在失去某些東西，都在與它們道別、送它們離去。我們一天天成長，向幼年時期的安逸說再見，離開原先的學校時，與好朋友分開。我們可能搬離住了很久的家，離開自己很喜歡的場所，甚至需要送自己非常珍惜的事物、我們愛的人離開。當我們生病或受傷，當已經盡了全力，結果依然不盡理想時，也會感到失落。

人們都知道再怎麼美好的時光，也不過是一下子，有始就有終，但依然無法習慣失去。每每都會受影響、受傷、心痛。但若要體會這些大大小小的失去，我們就需要「時間」。

想要充分感覺悲傷、**自我安慰**、**理解狀況**、**接受現況**，**我們需要足夠的時間**，如今社會卻不容許我們花時間處理情緒。對現代人而言，效率是相當重要的價值，畢竟人們以時間為單位計算生產量、計算薪資。所以當身體不舒服或心靈生病了，無法好好發揮自己角色，就被當成是「不自律」。這些不舒服的情緒讓我們無法專心於工作或學業，讓我們打破日常節奏，削弱自己的機能，變成令人頭痛的問題。所以我們經常習慣先壓抑或拒絕接受這些棘手的負面情緒。

這樣的時代風氣下，我們很難完整體驗事物。我們會對難過的人說：「趕快忘掉，振作起來吧！」、「加油。」而當自己一感覺到不太舒服、負面的情緒，人們就會不知所措，試圖盡快消除那種情緒，或轉移注意力，想趕緊忘卻。我們只希望感受自己可以控制的情緒，所以體驗的深度越來越流於表面，越來越萎縮。當自己經歷的事情無法在意識中整合，將會碎片化，等於是「自己將自己排除在外」。

碰到冤枉慘死事件或大規模事故，人人皆感到悲傷與憤怒，但有一些人過於入戲，情緒反應過度，以致好幾個月無法正常生活。這可能是平時他們被壓抑、不被允許發洩出來的情緒，當下被合理化了，他們認為現在「可以悲傷，可以憤怒」，所以不自覺讓這些能量爆發出來。

現代人的慢性焦慮、空虛感與孤獨感，其實與「被冷落」有關。各位可能認為所謂「被冷落」指的是人與人之間的關係流於表面功夫，或做做形式，自然而然被疏遠的社會現象，但其實**所有「被冷落」都源自於「自己與自己的關係」**。

被冷落，是自己無法與自己的經驗完全連結，是無法完整感受、接受每一個當下的經驗本身，希望快速判斷該斬斷體驗或去控制。我們經常在真正體驗以前就下結論，導致沒有一件事是我們好好體驗到最後一刻的。

昔日人類親身體驗失去及悲傷，也因此悟出智慧。如今卻被各種 YouTube 頻道提供的「類比體驗」和訣竅取代。對於身邊大小事都靠搜尋學習，不希望浪費時間與精力的人而言，現在更難看到他們嘗試與失敗、親身體驗了。因為即使沒做過，他們都已經會了。明明那只是淺層的東西，他們卻認為自己已經全部了解，所以不會再去嘗試，直接略過。**如此節省時間下來，究竟能獲得什麼呢？**縮短時間後我們能獲得的，其實是經驗的萎縮，是生命的萎縮，非常諷刺。

觀察我的反應，就是認識自己

當有人讓我非常生氣或悲傷，我們能做的最簡單反應是針對那個人的言行指責他。這其實是試圖將自己內在情緒「不舒服」造成的攻擊性，朝對方發射的舉動。因為這些行為全都是為了減少自己內在產生的刺激，所以當我們一做了，會暫時覺得那些令人不舒服的刺激似乎沉澱下來。不過奇怪的是，結果通常不會讓我們完全放下心裡的石頭，似乎還有疙瘩存在。

嘴裡喊著「你這樣做，害我多難過」或「都是因為你」，然後態度冷冰冰，或對對方無禮，並不會讓自己的心裡明亮起來，反而讓我們的心更悲傷、更荒涼。如同人們說，**愛會孕育另一份愛，攻擊性也會造成另一種攻擊性**，攻擊性並不能解決任何問題。怨天怨地的心態或報仇舉動並不具有任何效果，也沒有任何意義，只會讓事情變更棘手。

不僅如此，一旦我們認為都是因為對方的言行舉止導致自己難過，我們將會錯過深度認識自己的大好機會。**其實當他人的言行舉止影響到自己**，當我們心煩意亂，**最應該注意的是當下自身的心態**。

想認識自己，就應時刻細心觀察自己對於所處環境及條件的反應。我們的出發點必須一直放在「我的反應」上。所謂認識自己，其實就是去理解自己行為。我們必須問「究竟是什麼讓我不好受？」、「現在這個情況發生了什麼事情？」，藉此將注意力之焦點聚集到內在。

抱持溫暖且充滿好奇心的態度觀察自己反應與行為，就是認識自己的出發點。世界上的每一個人都有權利隨心所欲說話、行動，我們無法強迫他人對我親切一點。不過，我們得找出明確原因，**為什麼就是那句話、那個行為，特別觸碰到我的反應神經，讓我那麼不開心？**

答案不會只是一句「那句話本來就不好聽」，也不是「那種態度讓我不開心」，一定是因為那個狀況觸碰到我某個部分，才讓我跳起來。

對方並不知道我的行為模式，而我也不清楚他的行為模式。我的反應並不能全怪在對方頭上，因為無論什麼狀況，其實我們是可以出現不同行為反應的。互動過程中發生的現象，其實是來自眾多複雜的因素錯綜交雜，並不單純因一個人的意圖就延伸出後續反應。

因此，追究「是誰的問題」、「誰做錯更多」其實沒有意義。我們能做到的最好方式，是反應的當下也別忘了仔細照顧自己的心靈。

這是什麼意思呢？我們別顧著回應對方：「你怎麼能這樣子跟我說話？」而該記得去思考：「剛剛那句話讓我什麼地方覺得不舒服？」、「那句話讓我什麼樣的期待或欲求受挫了？」

當我們腦中浮現這樣的問題，意識的焦點就會自然轉移到內在，降低判斷或評估對方言行舉止的心態，進而使攻擊性穩定下來。

同時，因為我們還沒那麼了解自己，我們也可以藉由這樣的做法，慢慢觀察自己反應的意義，創造出更進一步了解自己的契機。下次有人讓我們生氣或難過，你就想：「哇，這是讓我更了解自己的大好機會！」展開雙手歡迎吧！如此一來就能轉移對特定想法或刺激的注意力，眼前不再一片漆黑，你將有更廣大的意識範圍，有餘裕將心思放在更本質的、更重要的課題上。

每當心靈出現動盪，產生強烈情緒起伏，我會這樣告訴自己：「**我現在一定漏掉了某件事，我不明白的究竟是什麼？**」

強烈的情緒經常來自於無知、不明白。

我們總是有些不懂的事，不懂自己的行為模式，不懂對方的行為模式，不懂世界運作的道理。當心裡有點不舒服，就想一吐為快。所以我們時常拿眼前看到的事情作為藉口，挑對方語氣、態度的毛病吵架；這種攻擊性抹滅了能夠更深入了解自己與世界的寶貴機會。

攻擊心態其實是依存、執著的心態，將問題轉嫁為「對方問題」，迴避、不願正視自己的世界，非常愚蠢。

讓我感到不舒服的人，其實是讓我成長的人；是他讓我重新回顧自己的無知和攻擊性。我們得在那個當下打開門，走進去，別錯失了機會。別再用最熟悉、最簡單、反射性的行為模式，而是深入其中。我們應該深入其背後，看清過度防衛或試圖迴避的心態，勇敢走進去，真正的自己，就藏在那之中。

自導自演之心

人們無時無刻都在與自己對話。不過，需要特別注意的是，我們必須檢視與自己對話時，究竟用了哪些**單字**，得看清楚背後**隱藏的企圖**。畢竟，對其他人說的話，我們都看得很清楚，自己對自己說的話，卻摸不清頭緒。再加上我們通常還傾向將對自己說的話，當作是客觀事實。

舉例來說，當我們開始告訴自己：「那個人瞧不起我！他現在就是覺得我沒用，對吧？」接下來就會開始找出符合這個想法的線索、硬湊，並且開始看不順眼對方的語氣、表情、行為。

我們會變得很難只看、只聽真正發生的事實。人們很多時候是在自己設好的框架下，用狹窄視角看待他人與世界，因此出發點早已被扭曲。打從一開始局勢就不平衡，再層層堆疊誤會及錯誤，誘發我們的情緒，造成自己不好受。

人人都對與「我」相關的資訊比較敏感。對方喜歡我，我的心情就好，如果對方覺得我有問題，或低估了我，就覺得不開心。但是，**「我自己」又是怎麼對待我的呢？**

我們大多在人前放大自己值得炫耀的、擅長的、自豪的部分；弱點、不擅長、令人羞恥的則想隱藏或消除。我們和他人比來比去，評價自己、替自己貼上標籤、打分數，還差別待遇。我們都有喜歡與討厭自己的部分，卻期待他人接受完整的我。因為自己不相信自己，才會被他人的評價左右。因為不懂得讓自己鎮定下來，才轉而尋求他人的安慰。

當然，他人很重要，我們的大腦在人際關係中成長，他人是創造自己主體性相當重要的因素。但與其他人建立關係又代表什麼意義呢？我們有可能見到完整的、「全面的」他人嗎？其實，我們看到的一定是一個人的「一部分」，是以我的一部分去見到其他人的一部分。當下短暫的時空條件可能讓我們某一個面向變得非常明顯，然後再觸碰到對方的某一個面向。

我們的心通常會傾向於某一邊，因所處環境、狀況、心情隨時改變位置。接著意識跟著改變，創造出相應的想法及情緒。當時覺得這件事很重要，過了不久，又覺得其他東西更重要。人人都希望相信自己是一個非常有一致性的人，但其實我們都很善變無常、捉摸不定。只是有些人不擅長隱藏，經常被人發現這項特質，有些人則非常懂得調節，不讓人發現的差異罷了。

我們都會隨著自己的期待或欲求帶領，從自己心裡拉出東西，套在對方身上，還深信這本來就是對方的樣子。這是所有關係中都會自然發生的事，自然地如行雲流水，根本無法意識到。明明只看到他人的一部分，卻放大成自己好像看到所有面向，將對方進行分類，評價好壞。如果對方似乎能填補我的匱乏，就喜歡對方；倘若對方不照我想要的做，就討厭對方。結果我們還不明白，其實這一切都是心靈自導自演的一齣戲，反而認為一切的情緒都起因於「那個人」，並深信不移。

是誰在配合演出？

當覺得自己完全被困住了，彷彿四面完全沒有出口，覺得自己生命好像會永遠原地踏步下去，一切都是白費力氣，究竟該何去何從呢？

首先，我們得先檢視一下**目前遇到的狀況究竟是現實，或只是被困在自己的想法中**。我們需要先觀察一下，自己是否不自覺地陷入了由自己編造的故事中。咦？這又是什麼意思呢？

人們一輩子都很依賴形象及故事。在認知、表達與自己相關事情時，我們通常習慣整理成一個完整的故事再表達出來。從過去的經驗、以前到現在發生的事情，甚至到未來打算怎麼過都是如此。而與自己相關的故事，通常會以某種形象為主軸創造下去。這個形象可能是關於自己的形象，也可能是對未來夢想的模糊概念，或者是自己十分想成為的理想典範。

我們追求、夢想的所有東西，都來自於我們看到、聽到的形象與故事。沒有什麼希望與欲求「本是我的」這回事。我們就像妝點相簿般，藉由直接體驗、間接體驗獲取一張張相片。比如在不知不覺中羨慕他人、在有意識情況下決定與選擇的每一件事等，這些東西結合起來，就成了自己的主體性。我們內在的所有東西都是這樣「蒐集創造出來」的，自然受到周圍的人、大環境影響。

年輕時，一場偶然欣賞的音樂表演可能在心裡留下深刻印象，讓我們決定未來要當音樂家。也可能在電影裡看到雙方甘願為彼此赴湯蹈火的美麗愛情後，夢想自己未來也能擁有如此理想的一段關係。回頭看那些我們記得很久很久的重要事件或事實，其實通常都擁有很鮮明的形象。

關於形象強大的影響力，愛爾蘭詩人葉慈（William Butler Yeats）曾如此形容：

「每個人心中都有一幅屬於自己的畫面——一個場景、一場冒險，或是一張圖像，那成了他生命中私密的象徵。因智慧先以形象發聲，只要那個人持續反覆咀嚼那個形象，那麼，形象將引領他的靈魂前行。」[9]

照葉慈所說，我們應該好好仔細評估那個擄獲自己的形象，或對自身造成眾多影響的場景、一瞬間的風景。仔細觀察其意義及來龍去脈，就能解讀出自己的性格結構、反應方式與生命的曲折。

然而，許多人卻壓根不知道，原來有這麼一個「形象」在左右自己的生命方向，也不知道其實**我們都執著於自己的形象、角色或故事**。因為不知道，所以更隨其搖擺，更無法自拔。

幾年前，我參加了某大學教授講授的公開課程，他在心理諮商領域非常知名，與席人員大多是主修心理學的大學生及研究生。那場活動有一個非常特別的環節——徵求願意上臺的聽眾，透露有關自己的事情，而教授會透過互動分析這個人的性格結構。

最先舉手的是一名女性，她走到舞臺中間，坐在椅子上。她拿著麥克風講了二十多分鐘，字字句句談得都是過去生活有多辛苦。會場瀰漫著一股奇妙的沉重負擔感，教授開口的第一句話，解救大家脫離方才的嚴肅氣氛。

「你為什麼這麼執著當一個好人呢？」

分享故事的當事人一聽，自然露出不知所措的反應。

「啊？」

「對啊！你剛剛說了二十分鐘，說的不都是自己有多善良，對別人多好，多犧牲奉獻嗎？」

教授接下來告訴大家，每個人都有許多不同面貌，但總是會執著於特定形象或角色，不願改變，才會因此產生許多壓抑及矛盾。他的意思是，因為有些人自己堅持扮演受害者、悲劇主角的命運，才使得周圍的人也配合演出。

諷刺的是，總是照顧周遭人，為他人犧牲奉獻，這樣的人總在無意中將周圍的人變成又自私又壞的人。過於勤勞又優秀的媽媽，總在不知不覺中把小孩與爸爸都變得又懶又壞。而在情緒不穩定又衝動的父母膝下成長的孩子，未來長大成人時會將心思全部投注在成為值得信任又可預測的人上，反而容易忽略其他重要價值。

你曾思考過是什麼樣的形象在吸引自己嗎？你是不是被困在我「應該這樣做」或「不可以這樣做」，又或者是「人生一定要這樣過」的想法中，讓自己變得過於死板？「我」讓他人看見的主要是什麼樣的形象？又有哪些是我不想讓任何人看見的？

形象和故事並非「本屬於自己」的。那些都是我們從某處看來、聽來，然後接納的東西；我們可以試著甩開一部分，或是用其他東西修正。每分每秒我們都在打造自己，幾年後我們能成為什麼樣的人，取決於這段旅程中給了自己什麼樣的形象，告訴了自己哪些故事。

即便不滿意，也無法轉嫁責任給他人，也沒有人能夠替代自己做這些事。我經常看什麼樣的形象，就成為什麼樣的人；我常說什麼樣的故事，我就有那樣的故事。

偏見，「預先限制」了你的體驗

我們真的有可能看見某個人、現象或事件的「完整面貌」嗎？真的有可能不受自身看待角度或立場影響，了解或經歷到原始的「完整面貌」，而不是被誇大或縮小的樣子嗎？

每個人都活在自己的思考模式中。雖然記得過去的事，並以過去為基礎預測未來，但那全都是「以自我為中心」。我們會以自己開心或不開心為基準編輯資訊、儲存或刪除。基於這個道理，我們甚至可以說人只不過是活在自己身體、大腦裡過一輩子罷了。所以我們通常不懂他人的思考模式，總是照自己模式歸納、評價他人。就連共同生活的夫妻、家人，也都誤以為很了解彼此，其實大家知道的不過是表面，實則根本不懂對方。不過，其實大部分的人也不想要了解對方。

像是「這個人是這種人，誰又怎麼樣」、「我的個性怎麼樣，所以沒辦法做到什麼」這樣只靠幾種概念或單字，就歸納出某個人的特性、下定論，其實對於了解自己與他人沒有太大幫助。過度「單純化」、「普遍化」，只是預先限制自己的體驗。

這個宇宙是如此複雜，每個人皆與其他不同生命體錯綜複雜相連，單單用幾個單字、概念、幾行句子能夠概括一切嗎？無論怎麼說，其實都僅是一小部分，只是偏頗的想法。

但因為用幾句話整理得簡單明瞭，就讓人感覺好像自己某種程度上能控制狀況，我們才會在明明不那麼了解彼此的情況下，輕易下判斷。

偏見與快速判斷都是希望避免體驗的機制，因為體驗是「不可控」的。我們可以選擇做與不做哪些事情，卻無法決定選擇以後還會經歷哪些事情。比如我們在公園散步一小時，或遇見了某個人和他聊天時，我們無法事先決定好自己會體驗到什麼，也無法控管。

體驗的本質是「無法預知」。比如到新公司上班的第一天，我們無法預測到自己會經歷什麼事情。出門旅遊或開始談戀愛以前，我們也沒辦法事先決定好自己要體驗的詳細內容。**結果會如何，沒有人知道，這就是體驗的奧妙之處**。

狀況會如何展開，「無從得知」。對方會以什麼樣狀態出現，「無從得知」。我會如何改變，「無從得知」。這樣難以控制的東西，有些人非常不喜歡，想要盡可能避免。也有人因為天生個性或過去經歷太多不好的事情，將「盡可能減少有威脅成分」視為第一優先。這樣的人極度討厭無法控制的狀況，現實生活中通常傾向盡快判斷狀況，讓自己盡快逃離，不要接觸到「體驗」。

他們經常想：「這個人就是因為這樣，才這樣做；因為那樣，所以那樣做。」或「這種狀況不用看也知道」、「我用膝蓋想就知道了，根本不用再看下去」，提前斬斷體驗機會。然後他們會覺得自己及周圍非常安全，也會建議家人或朋友和他們一樣，待在自己的舒適圈。不僅自己的體驗範圍萎縮，還試圖控制周圍的人，讓他們也減少體驗。

當然，好好了解狀況並下判斷很重要。但人人都有透過親身體驗洞察道理，透過跌跌撞撞學習的權利。去體驗每一個不確定的東西、未知的東西，進而學習，不就是人生嗎？

無論是家人、朋友或另一半，即便關係再親近，我們都不能替別人過日子。照自己的判斷領導他人，就是妨礙他親身體驗的機會。表面看來是在減少犯錯的風險、縮短時間，其實是**在省略、跳過生命重要時刻**。就算當下看起來非常有用、方便，長期來看，我們卻無法得知這會造成什麼樣的影響。

每個人的旅程，由自己負責。我們在旁邊能做到最好的幫助，是不替他事先計算結果，陪他一起經歷過程。不要替他先看見目的地，選出最有效的路線，而是一起陪他走，做旅程的同伴。或許應該說，那是我們可以為彼此做的唯一一件事。

第三章

我，與所有生命相連

「沒有與他人分離的『我』，我與所有存在都緊密相連。
所謂的『我』，並非一個獨立存在的實體，而是一個空性。
是一場夢，是一個幻象，是一團泡沫，是一道影子，
它就像一滴露水，又或者是一道閃電般的光芒。」[10]

——奧村正博（禪宗作家）

情緒來襲就是大好機會

當我們想和某人建立一段真正的關係時，通常會期待什麼呢？我們希望當自己的弱點或缺點、脆弱的一面顯露出來時，對方能欣然接受一切。我們期待對方會真心關心自己，問一句：「還好嗎？」

但是當我們思前想後，好不容易開了口，對方卻做出以下的反應，大家的心情會怎麼樣呢？——

「為什麼要想得這麼負面？你應該往好的方向想啊！」

「去吃好吃的東西，然後把它忘得一乾二淨吧！」

各位會不會覺得，對方似乎不想多聽不開心的事情，所以在暗示你講一些輕鬆的、聽起來令人開心的消息？你能夠和這個人持續建立良好關係嗎？

我們與自己的關係也是一樣的。**我們應該要能完整地去看、去聽、去說發生於自身內在的事情、情緒與感覺**。想盡快用「正面思考」掩飾，或嘗試用食物、影片轉移注意力，轉換心情，其實都是躲避自己的體驗，不願面對自己的某一部分。而我們越是這樣，就離真正的自己越遙遠。

幾次下來，已經習慣這麼做，無法連結自己內在體驗的人，他們與外界的關係也僅止於表面。連自己內在難受的部分都不願意正視，只想逃避，又怎麼能和他人共同體驗難過的事情呢？先穩固與自己的關係，才能與他人建立起有深度的連結。大家通常認為所謂的「省察」與「領悟」與人際關係無關，其實不然，兩者之間具有相當密切的關係。

人際關係的本質，其實就是：「我，是怎麼經驗這一切的？」我們感覺自己臉是否變紅，大腦是否變得一片空白，心臟是否砰砰跳，肚子是否不舒服，四肢是否麻麻的，肩膀是否沉重僵硬。即便想法毫無章法、亂七八糟，依然得去感受原始的感覺。不要分析、不要評價；我們得放下，靜靜聆聽。走進我正在體驗的內容裡，讓身體完全沉浸於裡頭，就像進到浴缸裡泡澡一樣。

省察則是思考：「為什麼我會以這樣的方式體驗？」脫離自己的立場，站在對方角度思考，也可能轉換成第三者視角。有時我們可以回到經歷類似事件時自己的立場思考，也可能穿越到未來，以未來的那個自己想一想。我們得穿梭於不同的觀點之中，以多重角度看待同一件事情。假如我們曾指責他人，抱怨那個人真的太以自己為中心了，那這時得反過來問自己，如此下判斷的自己，是否同樣太以自己為中心呢？

我們應該把矛頭轉向自己試試，試問自己一次，**為什麼自己非得用這樣的方式體驗？**為什麼被那種情緒、那種想法吸引？這些提問，必須像一位知心好友那樣溫柔地發問。唯有那樣，內心才會願意誠實地回答。

若想戒掉長期以來的習慣，做出改變，邁向更好的人生大道，我們需要兼顧這兩項工作。這就是本書強調的「關係與洞察」。這裡的「關係」包含自己與自己的關係，與他人的關係。不過，其實這兩者本就是同樣的東西。**畢竟疏遠了真正的自己，就無法與他人建立良好的關係。**

年輕時曾為了了解自己與他人，領悟人人以自己為中心的道理，並持續練習「停下來」的人，即便日後上了年紀，也會保有同樣的習慣。但年輕時什麼也沒做，老了以後別說有智慧了，他們甚至更被牢牢困在「以自我為中心」的世界中。這個部分是有神經科學領域的證據[11]可證明的。

「情緒自我中心偏見」（Emotional Egocentricity Bias）指的是將自我情緒完全投射在對方身上，自己心情好，就覺得對方也很開心，當自己心情不好，就認為對方一定也不開心。有人測量不同年齡層的ＥＥＢ程度，結果發現圖表兩側，也就是青少年（十二歲至十七歲）與老年人（六十三歲至七十八歲）的偏見程度較高，而二十歲至五十五歲的成人情緒自我中心偏見程度相對較低，整份圖表呈現Ｕ字形。

這個數值可以看出當自己情緒與他人情緒不一致時，我們綜觀來龍去脈，調節自己偏見值的「認知能力」水準。十多歲的青少年因頂葉相關大腦迴路尚未發達完全，六十歲以上的族群則是因為大腦整體執行能力退步，比較容易將自己的情緒狀態投射在對方身上，扭曲對方立場，被困在情緒自我中心偏見中。

我們的情緒或欲求其實本身並無好壞，只是**對情緒或欲求的「執著」經常限制我們的視野，讓我們以為好像「除了這樣以外絕對不行」**。它扭曲了我們的思考模式，讓我們感覺好像自己的經驗及感覺、想法，就是全世界了。它讓我們把扭曲、錯誤的解析看成是「真正的世界」。

真正讓痛苦擴大的，其實不是事件、不是他人，也不是環境，而是自己越變越狹窄的視野，以及那背後根深蒂固的「以自我為中心」。

我們之所以要終其一生不斷覺察、不斷超越這種自我中心，不是為了拯救世界，而是因為——這是通往更好人生、滿足人生與幸福人生的唯一道路。

人生的品質，取決於我們是否真正理解「生命的普遍性」與「彼此的連結」。比如說，當人情緒激動時，注意力往往圍繞在自身立場；但如果能夠在那一瞬間，果斷地將注意力轉向他人的處境、他人的脈絡，那就是一種能力。

道元禪師曾說過：「不是因為做了冥想（坐禪）才領悟，而是領悟的人才坐禪。」我想這句話恰好說明了，這個問題應該是關乎一個人平時對普遍性、互動連結特性的體悟；是否懂得拒絕坐上奔馳於高速公路的「自我中心偏見」順風車；是否能在察覺其中虛幻時，就讓自己停下來，「轉換」為更好的方式行動？

來到我們生命中的每一個人，都是照見自我的鏡子。可以說，所有關係的存在，都是為了讓我們看清自身的修行狀態。

關係會掀起我們的情緒漣漪，而察覺情緒則讓我們照看自己與他人。察覺了，才能調節，要仔細、正確了解，才能轉移自己的觀點。

每一次的相遇與緣分，都是賦予我們理解「普遍性與相互連結」的寶貴機會。包括衝突、緊張與爭執，這都是推動我們向前邁進的絕佳時機。

越想閃躲，問題越容易回到身上

對方並沒有說得這麼壞，但自己有時候會不知不覺反應過大……

有時，人們說的話其實並沒有特別意義，然而聽者卻因此受傷，決定斬斷關係。時間一過，情緒消退了以後，還會自己覺得剛剛的反應好像有點誇張。

「好像沒必要做成這樣……」

情緒慢慢高漲，我們可能感受到焦躁、起伏不定感、一把火、衝動、很強烈的能量。情緒助長了相關想法，想法被誇大以後，情緒就更高漲了。當我們已經坐不住，就更無法控制言行舉止了。這就是痛苦的惡性循環。

要是各位明白，讓自己情緒恣意擴張的始作俑者就是自己，我們就有辦法停下來。當被害意識、不舒服、不開心的感覺逐漸抬頭，越變越大時，我們更要打起精神振作，**回到「當下那個地方」**。因為人們會逃往思考、幻想中，反而讓負面情緒或想法變更大。我們得停下來，**別再添補各種推理及想像，在大腦裡寫劇本**。

我們要好好想想自己為什麼寫出這種劇本。其實，那些都是因偵測到不舒服的情緒，為了趕緊甩開或消除那些情緒，所以思考在發揮作用的關係。它是為了試著找出這種情緒的原因及解決方式，才去尋找應該怪罪的事情、狀況或問題所在。

在尋找的過程中，情緒容易和其他情緒或想法連接起來，讓內在的問題越變越大。所以我們不應該試圖掩飾或改變情緒，而是接受原始的感覺，保持清醒狀態觀察它，這才是斷絕惡性循環的祕訣。

如果「轉移注意力」或「分析原因」真能有效化解不舒服的情緒，精神科醫師應該早就大力推崇這種做法了吧？而你，也早就從各種情緒困擾中解脫了。但我們現在真的已經解脫了嗎？我們不受這些問題所擾了嗎？還是覺得事情變得更複雜了呢？

明明是為了趕緊消除不舒服情緒，為了解決事情所做的努力，卻反過來讓我們更深陷於情緒，被情緒淹沒……這就是證據，證明我們習慣的處理方式並不怎麼有效。

情緒與疼痛有許多共同之處，最典型的一點就是：越是強行壓制它們，它們越會成為阻礙。壓抑得越多，它們越強烈、越顯著。想法也是一樣的，越告訴自己「這是負面想法，別想了」，越是禁止或壓抑，反而會讓這個念頭在腦中揮之不去。這是為什麼呢？

有幾種可以解讀這個現象的心理學原理，簡單來說，大抵是因為注意力往那個方向集中的關係。也就是說，**當我們自己說出「不可以做！」的當下，就等於拋出「該做什麼？」的線索，讓注意力往那裡集中**。告訴自己「不可以憂鬱！」大腦就聚焦於憂鬱。告訴自己「不可以擔心焦慮！」就會讓我們自動對與「擔心」相關的線索反應更敏感。越想躲避，反而讓人更容易掉入陷阱。

那麼，面對那些不想經歷的情緒體驗，應該如何處理最好呢？

刻意創造的自我形象

每個人都傾向相信自己是好人。如果有人做了有害於他人的行動，就認為是因為那個人壞；如果自己做了有害於他人的行為，我們就認為「那也是情有可原」。**我們的大腦整天忙著編出這些邏輯，自己連結原因與結果**，得出因某些特定狀況或條件，造成自己變成這樣的結論。

像這種解析自我的方式與故事，就是我們的主體性。每個人都有自己一貫的模式與流程，如果這些模式起了變化，就是一種巨大危機，所以我們會替故事加油添醋、修改，甚至是刪減部分情節，以守護自己的形象。

有時故事也會崩壞，有時會牛頭不對馬嘴，或邏輯不夠統一，讓故事出現瑕疵。

這時我們就會趕緊拿出其他碎片拼拼湊湊，費盡心思讓自己的形象或主體性看起來一致。過程中注意力自然而然偏向於某一邊。我們只願意看、願意聽符合自身意圖的內容，當然就看不見當下發生的真正人生風景。

我們不想體驗原本的樣子，所以預先下判斷，或用思考取而代之。過於負面看待、迴避，或試圖控制自己不希望出現的想法、感覺、情緒，心理學家稱之為「經驗迴避」（experience avoidance）。

意圖照自己所想去控制、防禦的心態，反而讓我們無法完整進入當下參與的活動或聚會中。我們會為了確認自己是否做對了，無法專注於事情上。我們無法注視當下坐在眼前之人的臉，無論今天與誰在一起，我們注意的只有「自己的樣子」。我們浪費許多時間與精力在思考、評估、創造自己的形象上。想理解自己，首先得時刻仔細觀察自己面對所處環境及條件的反應。

許多人透露「覺得很難愛自己」，也就是覺得自己好像不怎麼喜歡自己，不知道該怎麼做。

我們不停思考，讓本來沒有問題的，現在都變成問題了。明明過得不錯的人，某天也會突然煩惱起「我似乎不愛自己」，認為自己身上有非常嚴重的問題。

將自己「客體化」，判斷自己愛不愛自己，這件事本身不就很奇怪嗎？

如果說「愛自己」，那主詞是誰，對象又是誰？主詞（我）和受詞（我）不一樣嗎？在他人面前誇耀自己，就是愛自己嗎？無論什麼情況下，我們都應該覺得自己很令人驕傲，一定要喜歡自己嗎？總覺得這些論調很刻意，很不自然。

我們不需要大聲呼喊「我愛自己」，也不需要刻意去認為自己是個很寶貴，很有價值的人。

所有生命體本就相當寶貴，相當了不起。鳥鳴花開、人們大步邁向前，這些都是奇蹟。努力生活的一舉一動，都是奇蹟。因此，只要尊重一起走到今日的自己，感謝那些帶你走到今日的緣分，這樣就夠了。

當我們總和他人做比較，掩飾自己不喜歡的部分，只顯露出自己認為值得驕傲的地方，我們就開始緊張了。忙著審核自己的一言一行，替自己修修剪剪，讓我們與他人相處時總是越來越焦慮，越來越努力。無時無刻替自己某些面向打分數，總是習慣控制自己的人，會以相同方式對待他人。

即便不滿意某些地方，也不要差別待遇，欣然接受自己的全部，才能欣然接受他人的原貌。

發生危機，先把心「帶回來」

就像出門在外可能發生車禍一樣，有時我們也會遭遇「意外」。有時別說照計畫走了，甚至發生完全預想不到的事情，又或者是大小事件同時發生，令人崩潰。若希望自己不會試圖迴避或控制痛苦的經驗、情緒，能夠接納原始的一切，應該怎麼做才好呢？

首先，我們得好好認識「危機」。危機通常會使我們日常生活停擺，原先依照慣性做出的一舉一動，一言一行，甚至是思考的模式將全數罷工。我們的一致性、主體性受影響，警報大作，告訴我們不能再用過去習慣的方式處理。這時，我們可以從兩種方法中擇一：簡單但有害的方法，及困難但有益的方法。

前者是「防禦」。防禦是一種固執己見，堅持只用自己熟悉的方式解決，是一種企圖「控制」的心態。危機出現時，大腦會分泌出皮質醇，供給能量給身體處理緊急狀況，使全身進入緊張狀態。這個緊張狀態就像雙手握緊拳頭，緊盯著危險訊號；在閃避衝向自己的汽車或具威脅性的情況中，這個狀態非常有效。然而長期持續處於此狀態下，將打破身體賀爾蒙平衡，最終有害於身體。當慢慢在心靈滋長的威脅大於現實生活威脅，我們將飽受慢性焦慮折磨。

另一個辦法難度更高，但若好好學起來，長期下來對我們非常有益——只要將「防禦」反過來就好，也就是「不防禦」。喔，我並不是要各位明明看見汽車衝來，還放自己站在原地，我的意思是，我們**先躲避那輛車，然後就不要再想那輛車子的事情了**。

當我們已經成功閃躲具有威脅性的人事物，就不要再思考下去。若我們預測即將發生具威脅性的事情，那時只要專注於自己可以做的事情上就好，其他的則放下。如果搶先寫好各種劇本，讓思緒紊亂，反而難以好好處理危機。

我們的心可以自由自在移動，因此更有可能拿解決問題當藉口，實則「逃避」現實去了。這時，我們得去把心「帶回來」。我們的基準點應該保持在「身體」上，身體的時間、空間，心靈應該同在。即使想法暫時飄到過去或未來，甚至是飄到遠處，也得好聲安撫，將它帶回來。

對於無法預測、無法控制的事情，最有效的處理方式是相信自己，然後放下，告訴自己：「就順其自然，去完整體驗發生的事情。」當我們的心靈不再掙扎，試圖控制那些無法控制的事情，我們將不再扭曲真實狀況，看得見原始樣貌，也就能好好發揮自己本來的智慧。

一直以來，我們都誤以為某種程度上人生是可預測、可控制的，但危機就像一種反諷，讓人生露出真面目。在危機情況下，我們會覺得不確定性似乎被放大許多，情緒出現變化，腦袋裡亂七八糟。如此一來，我們各自與生俱來的傾向、反覆出現的模式將會變得越清晰。我們長期以來思考的事情、說過的話、做過的行為，就很容易在無意間出現。如果又**反覆進入此種「熟悉的模式」，我們將會不小心造成與以前相同**

的結果，如同複製了過去的自己。

習慣找對象怪罪埋怨、習慣攻擊對方來掩飾自己弱點、習慣迴避忽視，總當成沒什麼大不了、習慣引起更大問題來掩飾小危機、習慣攻擊傷害自己、習慣以酒或毒品等感官刺激迴避問題、習慣讓家事或公事淹沒自己等各式各樣的情況，其實都是一種策略。這全都是為了不讓自己及時碰到發生在自己身上的體驗，因此故意擾亂四周的策略。

當危機來臨，熟悉的秩序崩壞，露出人生真面目時，我們自己不知不覺中不斷反覆的模式——也就是「自我主題」，這才出現在眼前。

但同時，我們也握有顛覆固定模式的大好機會。當日常生活已經穩定，我們通常不太會想到自己習慣的方式有問題。但當危機嚴重影響日常生活，我們才會明白既有的方式是行不通的，**危機在要求我們，要我們換個方式處理**。

一開始我們很難找到可替代的行為，這時若能停下手邊的動作，就算是相當大的成果了。我們得斬斷攻擊性的言語，保持沉默。我們得明白自己在用亂糟糟的方式逃跑，趕緊停下來。我們得在想法與判斷又慢慢飄出來之前快刀斬亂麻。**所有動作之間都有空隙，我們需要找出那個空隙，停下來。**

在我們的認知中，日常生活就像一部影片連續放映，但其實更接近龐大數量的照片一張張連接起來。照片與照片中間明明有縫隙，只是我們的預測與解析占據了縫隙，讓它看起來自然得如一部影片。那些預測及解析，就是我們的情緒及想法。

雖然無法得知下一個瞬間自己會看見哪張照片，但我們的注意力會朝著內心賦予的故事、創造的意義走，當然就更有可能照著情緒及想法之前指引的方向去看照片、進行解析，這就是「業」。

有些人碰到人生不順遂的時期，就說那是命運、是業報、是業。但我們的過去無法發揮那麼大的威力，應該是當下自己的傾向、言行舉止、想法起了作用。當下我們選擇了不同的想法、言行舉止，接下來要經歷的事就會有所不同。可以說每分每秒，我們的命運都在改變。

基於這個道理，就可以明白那句俗語：「危機就是轉機」。當自我主題越來越清楚，我們也看懂了，就不會再照過去習慣的模式，跟著想法、言行舉止的連結走，並終於能發現那個縫隙。依世俗的觀點來看，應該避免危機，但從智慧觀點來看，**危機是大好機會，能夠殺死活在習慣中的我們**，使自己浴火重生。

因此已經悟道的人告訴我們，面臨危機時別努力多做些什麼，只要打住我們創造的所有習慣，那個「當下」只要靜下來，他們要我們去看「縫隙」。只要我們不被動跟隨心裡播映的影片走，明白我們習慣性的預測與解析正在將一張張照片連接成一部電影，就能在反覆上映的主題、模式、傾向按下停止鍵，讓它們失去威力。這就是我們平時需要修身養性的原因。

親身體驗過危機後，我們也會有所成長。我們不再執著於過去的處理方式，已經輕鬆自由許多。我們可以學習新的方式。生命並不是「問題」，如果你將生命視為一連串的問題，那為了解決問題，就得時刻採取防禦姿態，並控制一切。但若能**將生命視為一連串「經驗」，那麼無論在哪，都可以學習**。

危機裡有轉機，無知與煩惱中有智慧。所有的危機都是大好機會，是殺死過往的自己，重新誕生為更茁壯自己的機會。讓偏見、有色眼鏡、固執己見、受害者心態，都成為過去式，讓過去無法支配現在的自己，殺死過去的觀念，使我們重新誕生，這才是危機的真正意義。因此，假設你碰上危機，一定要睜大眼睛，敞開心胸，看遠一點。將身體交給危機之浪，放鬆身體，浪花會帶領我們到達新的海岸。

我生氣，是因為……

即便沒有明顯的危機，其實每一天我們的心靈都如同火燒屋一般煩躁、不滿、生氣、帶有攻擊性。當公車沒有準時出現、捷運裡人太多、走在路上被人撞到……我們的一顆心總是起起伏伏。都已經忙得不可開交了，公司同事還不熟悉業務，造成我的負擔；當有人違反約定，還不好好道歉；又或者是好心幫忙人家，對方卻視為理所當然時，我們的心又起起伏伏——只是因為表現出負面情緒，可能造成彼此難堪，最後便強忍下來。

人們通常以轉移注意力的方式來避免衝突。我們以為只要不表現出來，就沒什麼問題，但其實問題並沒有消失，身體與心靈中產生的想法、情緒、感覺，都已經留下自己的足跡。

若是佛洛伊德（Sigmund Freud），他應該會這麼說：「潛意識不會忘記任何事情。」因為「所有被壓抑的事情一定會回來」（return of the repressed），你可能會像韓國俗諺「在鐘路被人打耳光，卻到漢江惡狠狠瞪人」一樣，在根本不相關的地方洩憤，或出現其他症狀。

而我們所做的行為，通常是為了減輕不舒服的刺激而出現的反應。若無法對他人展現攻擊性，通常那個攻擊性就會朝自己而去，也就是折磨自己。有人可能讓自己過度運動，或讓自己拚命工作，一刻不停歇。也有的人拿食物、酒、毒品折磨自己。有許多人對他人總是彬彬有禮，溫柔體貼，但對自己卻是極度苛刻。**最輕視自己、最隨便對待自己的，通常就是自己本人**。

若單以這些樣子分類症狀，我們可以貼上「完美主義」、「強迫症」、「○○成癮」的標籤，但其實它們的根源只有一個——「攻擊性」。只要好好觀察、了解自己的攻擊性，症狀就會有所改善。

攻擊性是挫折的主軸，挫折則是未達自己的期待或預想。若當初沒有期待的心態，就不會有挫折。無論期待得多或少，都是想照自己意思控制的心態，是希望將其他人或狀況、事情發展放在自己事前畫好的圖上。

然而，對方手裡卻是另一幅不一樣的圖，再加上世界是如此複雜，變數又多，就更容易發生不符合期待的狀況了。所以當我們有所期待，就得先考量「挫折與考驗可能即將到來」。人生在世，當然不可能無念無求，但我們得清楚明白攻擊性出自於期待。你問，這樣做會有什麼不一樣嗎？

如此一來，我們就會減少「自己生氣是因為某人、某件事、某個狀況」的想法，當心裡產生攻擊性，我們不會先往外看，而是懂得先檢視自己內心。我們將會懂得問自己：「我期待了什麼？」、「想控制誰？」、「想控制什麼？」然後觀察心情起伏的本質。若不再用行為掩飾問題、分散攻擊性，一層層看穿，就能更深入了解自己。

你只需要走進困難

我們經常為了掩飾一點小小的不幸，反而創造出更大的困難。比如有些人為挽救投資損失，另外貸款借錢繼續投入，結果導致賠了更鉅額的資金。又或者是為了盡快忘掉分手帶來的失落感，迅速投入另一段戀愛，讓自己碰上更大問題。

一開始，我們根本不知道哪個選擇將招致更大的不幸。對正在尋覓出口的人而言，當下所有門看起來都會像出口，因此任何一條繩子他們都會毫不猶豫抓住，彷彿那是上天伸出的援手。

尤其是處於不穩定狀態的人，更容易將危機認定為轉機。他們認為現在已經是谷底，不可能再更糟了，所以急忙嘗試改變，但要不了多久，可能發現情況反而更惡化。越是情緒大受影響、焦躁不安，心裡越著急，人們通常就越希望藉由新事物盡快找到出口；但其實，這個時候反而最應該**將注意力放在「行為」上**。

法國哲學家帕斯卡（Blaise Pascal）在經典名著《思想錄》（*Pensées*）裡寫道：「我發現，所有人類的不幸皆來自於一件事——他們無法安靜待在自己房間裡。」

帕斯卡繼續說明，假如每天都過得輕鬆、和平，人們會想起自己不幸的狀態，因此人們總是找事情做，以忘記自己的不幸。帕斯卡的意思是，人們為了不去想起自己的不幸，為了迴避心裡的不舒服感，不斷讓自己處於忙碌狀態，讓自己不好過；有時候藉由娛樂，有時候藉由工作讓自己無法思考。

帕斯卡生活的時代，狩獵是主要娛樂之一，表面上看起來他們是為了尋找、追尋、捕獲某些東西而狩獵，其實他們真正需要的並非獵物。帕斯卡在書中寫道：「他們並不清楚自己追求的並非獵物，而是『追捕』本身。」

仔細回顧過往的生活，一定有許多當時以為那就是全世界，是必要、必須做的，結果一段時間後，才發現不是這麼一回事的情況。「追捕」不會停止，而追捕的「對象」會持續改變。我們一直都在喜歡、想要、期待、希望——但喜歡、想要、期待、希望的「內容」一直在變換。**總是抱持期待的事實不變，變的只是期待的事物。**

那麼，怎麼樣做才是聰明的做法呢？前一段我們提到帕斯卡，那帕斯卡想說的，是要大家什麼也不做，就乖乖待在自己房間裡不要動，才是有智慧嗎？當然不是。帕斯卡要說的是，每一個人都有欺騙自己的傾向。

當現實無法令人滿足，或有了令人不舒服的情緒，每個人都會刻意讓自己變得散漫，好轉移自己的注意，讓自己創造一些值得期待的事物，告訴自己現實會越來越好。並且他還要告訴我們，我們會因為前述的做法，使自己一步一步離自己更遠，越來越習慣迴避體驗，並且讓這個過程中產生的問題越演越烈。他認為，自己當下不願正視、正在迴避的事物，不久以後將會重新回到自己身上。

為了暫時忘卻生命的重擔，我們當然需要一些轉換心情的時光。只關注棘手的問題，心靈會萎縮，將焦點都聚集於負面想法上，會讓人感覺生命比實際情況更慘澹。但若想成功鑑別出哪一根是真正能救命的稻草，哪一根是爛稻草，就得去看所有事情的原貌。

為了盡快擺脫困難，迅速做出決定並行動的人，通常只看自己想看的，以扭曲形式看待他人或狀況。這不是在解決問題，只是換個問題內容，或讓問題變更大罷了。

面對困難的情況下，我們要走進困難之中，靜靜坐下，正視感覺不舒服的心態。我們不需要太多的行為，只需要正確的行為，所以靜靜坐在房間裡，與自己慢慢交談吧！感受原始的一切，在經驗的時光中，與自己建立深度的連結。那道連結會指引我們進入原本的智慧。機會從來不在外頭，出口也不在外頭。

執著，因為喜歡（不喜歡）

每個人執著的事物，或許有些雷同，卻也多少有些相異。有人執著於金錢、權力、地位等「力量」上，有人則執著於「愛」上，希望被認同、被稱讚。執著於力量的人，無意識中最害怕「被瞧不起」；執著於愛的人，無意識中最害怕「被隔絕」。被瞧不起與被隔絕是人類最根本的恐懼，是「被疏遠」的另一個名字。執著代表心裡有恐懼，所以**我們得先了解自己在恐懼什麼，才能完整了解自己的執著**。

人人都知道執著不好，但很少人去探討究竟為什麼不好，具體是怎麼樣的不好。而每個人執著的內容與程度也有不少差距，因此是否懂得視情況調整，也是左右生命品質的重要因素。

當我們看、聽、聞、吃、喝、觸碰，不可能不受那些感覺與意識的影響，我們必定會產生愉快或不愉快的感受。我們希望長久保持好的感覺，期望趕緊擺脫不好的，這是生命的本性。然而人類會預測、會思考，這種能力會過度膨脹那些體驗，有時會造成扭曲感覺的副作用。我們彷彿過度相信好與壞的感覺及想法是既定事實，永遠不會改變。如此僵化的心態思維，其實會衍伸出更多的困難。

許多心理症狀都和對愉快或不愉快的執著，以及當事人的注意焦點因此變狹窄有關。比如有的人會想：「我一定要○○」或「絕對不要○○」，經常畫地自限，有時甚至因此經常與周圍的人起衝突。他們並沒有認知到每個人喜好的事物存在巨大差異，形形色色都有，說得好像自己比對方更懂什麼對他好，強迫對方接受自己意見。

許多人會用「因為這個原因，我覺得很好」、「我討厭○○○」的方式思考，好像自己就是真正的主體，但其實正好相反。**一想著「喜歡」或「不喜歡」，自己反而就成了那種想法與感覺的奴隸，受它們驅使**。討厭的東西越多，要避開的東西就越多；喜歡的東西越多，要追求的事物就越多。關於太喜歡與太討厭，怎麼樣才能讓自己盡量不被牽絆，保持人生平衡呢？

每個人一定都有喜歡與不喜歡的事物，但面對那些事物的態度與程度多少有差異。只要確實明白「唯一不變的就是變」的道理，就不會那麼執著。即便一開始因為喜歡而追求，當條件一變，一樣可能瞬間變成厭惡對象。曾經再厭惡不過的對象，也可能變成我們感謝的對象。即使在美好事物面前開心愉悅，也只要感謝當下就好，懂得回過頭就停止那種想法，就能夠自我調節了。但若你不會想延長快感，或拚命追求那種感覺，其實快感對我們無害。

如果有人摸摸我的頭，而我也喜歡這種感覺，我不應該徘徊在那個人周圍，一直把頭伸過去；我要做的，是去察覺「原來自己喜歡這種感覺」，然後向後退一步。若聽到他人稱讚自己，別只是陶醉於甜言蜜語中，而應該發覺「原來聽了好聽的話後，現在我覺得很得意」。就像一腳踏進去後馬上振作起來，脫離那個環境，我們別沉浸、耽溺於那些內容中。光是察覺並退後一步，就足以讓我們不再那麼為快感瘋狂。

不僅「喜歡」的感覺如此，「不喜歡」的感覺同樣是這樣。即使無意間感覺到厭惡，出現具攻擊性的想法、言行舉止，也不能當成理所當然，應該有所察覺，退後一步。愉快或不愉快的感覺如同軟爛泥沼，一旦陷入就難以脫身。所以，我們每一天都要努力察覺，反覆走進去了再出來，走進去了再出來，走進去了，再走出來。如此一來，我們的意識將能保持清醒，不再將感覺喜歡與不喜歡的事物視為理所當然。

我們不再讓自己直接徜徉於眼睛、耳朵、鼻子、舌頭、皮膚、意識的快樂之中，懂得保持些微警戒，更加注意自己。這樣的關照就是自我調節的起始。只要將「原來不是理所當然」、「不一定是這樣」的想法放在心上，就能相對減少創造喜歡或不喜歡，讓心靈紊亂、身體慌亂的狀況。

放下一部分的執著，就能變得相對自由。**想放下執著，得先認識執著，想認識執著，就得退後一步觀察**，而非讓自己陷入執著的事物中。我們要看的不是內容，而是陷入的過程，我們得仔細觀察反覆出現在自己身上的模式，究竟是什麼樣子。

思考牢籠，其實是對舒適的上癮

冷風呼嘯的冬天，大家一定有過躲在溫暖被窩裡，覺得好幸福的經驗吧？時值人汗流浹背的盛暑，一進到開著冷氣的室內空間，頓時便覺得來到天國，對吧？為了忙工作比平時晚吃飯，那時吃的飯，是世界上最好吃的飯了。但是那些時刻的滿足感並不持久，當「負」變成「零」，我們又開始追求「正」。「不滿足」又找上門，我們又開始追求新的事物……這是我們每天都在體驗的平凡日常。然而，我們也可以改為時刻追求佛教所說的「無常」。

只要好好理解世間萬物是不停變化的，我們日常碰到的大部分問題，就能迎刃而解。所謂無常，並不是因為一切皆是空，所以不需要努力。應該是喜歡之前就得明白

「即便現在好，它也不會永恆」。佛教要世人明白的，是即便現在痛苦難受，也不會永遠痛苦難受。

人類對身心安穩、快樂的感覺——也就是舒適感——的執著，為我們帶來相當大範圍的折磨。

你問：「婚前對我那麼好，又那麼體貼，為什麼現在變成如此漠不關心又自私的人？」這種與配偶之間出現矛盾的心情；因為股價下跌而失望憤怒的心情；煩惱很久決定買下的包包，一提出去才發現好像不怎麼好看，那種後悔又煩躁的心情；被診斷罹癌後震驚的心情；以為站在自己這邊的朋友翻臉不認人時的落寞心情；聽聞疫病開始流行的害怕心情；發現上年紀後身體大不如以往的心情等，如此多種的心情，都出自於認為「**曾經以為擁有的東西『不見了』**」。

金錢、物品、名譽、權力、外表與健康，是最常見的執著對象，我們甚至可能執著於天氣、季節、身體細微的感覺或心情等關於感覺及意識的所有領域。我們執著於舒服又開心的事物上，極力避免不舒服、不好受的事物。渴望他人稱讚獲認同，其實也是執著於「我是一個好人的感覺」，是一種對自我（ego）舒適感的追求，而非心裡出現匱乏。投注大量心力在戀愛及感情上，同樣也是一種對「專屬自己的對象」或「我們」帶來的舒適感的依賴。

我們焦慮、擔心帶給我們舒適感的東西終有一日會消失，但就算「有」，我們也不心存感謝。「有」的時候覺得理所當然，沒注意它的存在，等到「沒有」時才哭天搶地。每個人都容易出現這種傾向，如果我們今天好好想想，反過來看呢？

我們應該了解現在擁有什麼，對每一件擁有的事物心存感激。舉例來說，假設你正在讀這篇文章，表示你有眼睛、視力不錯，並且擁有閱讀的能力，還代表你能夠腰背挺直坐著。這意味著你並未處於危急情況，讓你心神紊亂，心情大受影響。你應該也不受疼痛折磨或精神昏迷，正常呼吸中。你現在讀著這篇文章，其實是有許多條件與能力配合才做得到。然而這些條件與能力並非永恆，你可能失去健康，可能遭遇事故，可能失去所愛的人。如果現在你還有多餘精力去思考某些事情，那未來你也有可能無法再思考事情。

現在的條件組合就是如此令人驚訝、罕見。我們可以正常呼吸、可以行走、可以閱讀思考、可以吃吃喝喝，一切都是奇蹟。

別在夏天想念冬天，在冬天想念夏天。夏天我們就感謝那些斗大的汗水，冬天則謝謝寒冷讓我們一下子清醒過來。不需要努力避免不舒服的、不開心的東西。現在吃到的每一碗飯都是最好吃的，今天的相遇就是最後一次見面。因為明天那個人可能不見了，也可能是我消失了。

降低執著於舒適感的程度，生命就會越好。我們懂得完整接受事物的原貌，懂得心存感恩。反過來說，若一味追求更開心的、更舒服的事物，越來越追求舒適感，將會如何？為了掩蓋生命的苦，我們將逐漸需要更多刺激，很可能會衍伸出許多中毒成癮症狀，比如酒精中毒、藥物濫用、毒品、過度消費、情緒低落、賭博等。

對某些感覺、情緒、感受的執著，其實是對「舒適感」的追求，是一種貪心，奢求擁有更多開心、舒服的東西。一旦陷進這種狀況就會沒完沒了，因為那是不可能的，現實並沒有那樣的美好幻境。

第二部

逃離腦內劇本、終結內耗——修心指南

第四章

洞察——發現「自我主題」

「無限的空性打從一開始就存在，
你必須淨化、治癒、消磨掉一直以來養成的習慣。
如此一來，你必能活在光明之中。」[12]

——宏智正覺（宋代禪師）

走入情緒，才能活出自己

我們住在這副身軀裡，用身體去體驗世界。當身體與世界建立起關係後，就產生了知覺、想法、情緒等東西。理解自己，就是理解內在發生的動態及意義，尤其是那些反覆出現的情緒、想法——我們更應該好好了解它們出現的意義。

每個人都有反覆出現的「自我主題」。有些人經常陷入這樣的想法：「為什麼我這輩子都要看人家臉色？」「為什麼我平常體貼照顧別人，結果當我需要幫忙時，卻沒有人願意伸手？」「為什麼我那麼努力，身上卻什麼都沒有？」「為什麼沒有人真正理解我，贊同我的話？」「為什麼我再努力，每一段關係仍是以壞結局收場？」

也有的人經常碰上一些引發特定情緒的事件，像是：憤怒、被背叛的感覺、煩躁、孤單、惆悵、焦慮、執著、忌妒、自卑感、罪惡感等，彷彿上天在不斷拋出課題。然而，絕大多數人不會發現那些模式，每次發生事件，都相信問題出自於他人。即使發現了自我主題，也會不知所措，想著想著就忘了，之後又碰到同樣事件。

碰上自我主題時，人們通常感覺很不開心、不舒服，希望趕緊轉換心情，藉由看影片或吃東西、喝東西，以其他刺激蓋掉原本不開心的感覺。也有人們去進行各種性格檢測，或四處尋找可以告訴我們自己命運未來的人，滿足於淺層理解，心想：「人家說我是因為這樣，所以才那樣的。」未能真正理解的自我主題，終究會再次回到身上。就彷彿是希臘神話的薛西弗斯，費盡力氣將巨石推上山頂後，馬上又掉回山下，再重新費力將巨石推上山。那，究竟該怎麼處理這顆不斷滾下來的巨石才好呢？

答案很明確──避不開的巨石，就得粉碎，一次粉碎不了，就分好幾次，堅持擊碎它。粉碎的過程相當辛苦，碎石噴濺，我們會因此受傷，非常不容易。但持續敲擊，巨石將逐漸變小，慢慢就變成小石頭了。曾經足以壓垮自己的巨石，某天將變成可以放進口袋的小石頭。

敲擊的過程中，我們也會逐漸熟悉巨石的存在，不再覺得巨石讓我們很有負擔、不舒服。用盡全身氣力粉碎巨石，敲打磨練它，再到將石頭帶在身上，這就是理解自我的過程。不是放棄或解決問題，是讓它變小，將它帶在身上。接下來，我們做更具體的說明吧！

關係激發出大大小小的情緒，比如某個人的言行舉止一定令我們產生有點討厭或非常討厭，有點喜歡或非常喜歡的感覺。關係越近、越常接觸，將更常激發情緒，也會激發出更多情緒。

我們可以從以下兩種做法中擇一：一是緊抓著喜歡的人不放，躲避我們討厭的人。是不是感覺這個方法輕鬆又簡單？但其實這是最難的方法。為什麼呢？我們會因為喜歡的人離去而難過，因為討厭的人留下來而受折磨。喜歡、討厭、喜歡、討厭……無論見到誰，內心總是充滿雜音，難以平靜。那另一種做法是什麼？第二種做法，不是去分析「這個人因為怎樣所以我喜歡／討厭」，而是**直接走入情緒本身，深入自己的經驗**。

問問自己以下的問題，可以幫助我們走進去：「在這件事中，我真正需要看見的是什麼？」

因為關係會引發情緒，所以逃避關係，意味著也在逃避情緒。我們難以承受的情緒大多蘊含著自我主題，而情緒最能讓我們看清那顆自己一直在推動的巨石。因此，如實接納與理解自己的情緒經驗，正是一場深刻自我理解的起點。

許多人都對冥想（打坐）有誤解，其實冥想並不是為了維持平靜而進行的心靈控制訓練，也不是打造健康心靈的運動。冥想不是為了讓問題消失、讓一切看起來風平浪靜，而是為了直面當下經驗，感受到更多、更細緻的層次。**冥想不是要忽視或超越情緒，而是去接納情緒、仔細觀察它們**。

平時刻意沉澱、壓下關係中令自己感到不舒服的東西，或那些反覆折磨自己的情緒與想法，其實都是一種壓抑或迴避，可能衍伸出其他症狀。同時，那些情緒原本也可以成為認識自我的「新鮮好食材」，如果輕易丟棄了，也等於錯失了一次寶貴的自我探尋機會。

基於這個道理，其實「關係」與「洞察」兩者是一體的。我們得探索、思考過關係，為關係而痛過，洞察才有可能出現；而唯有洞察有所進展，良好的關係才有可能發生。沒有關係，就無法洞察；缺乏洞察，自然也無法建立真正的關係。

只有這樣不斷地緊抓不放、一次次直面內在衝突，巨石才會碎裂。敲了又敲，巨石方能變小。如果你能在年輕時就學會**不逃避每一刻的經驗，而是全然穿透它**，到了六十歲、七十歲、八十歲、九十歲，人生才會結實累累。美好的人生才能轉化為無憾的死亡。

「活到現在，該做的我都做了。這樣的人生，也算不錯了。」

當人生走向盡頭時有這樣的感想，應該很不錯吧？

練習好好死去

九世紀時，唐朝有位名叫洞山良价的禪僧，他是曹洞宗的創始者，而曹洞宗是中國禪宗最具代表性的幾家宗派之一，嗣法弟子相當多。某天，一位僧侶前去拜訪他，問道：「寒冷或炎熱來襲時，該如何避寒或避暑呢？」

洞山回答：「只要去一個沒有寒熱的地方就行了。」

僧侶又問：「所謂『沒有寒熱的地方』是什麼意思？」

洞山：「天冷，就讓寒冷殺了那個人；天熱，就讓炎熱殺了那個人。」[13]

當我們說出冷或熱時，一定有一個「比較對象」。當我們無心喊出「好熱」，其實已經在心裡將「現在的熱」和「本該不熱的狀態」進行了比較。也就是說，這種感受源自於心中的判斷，而這個判斷是基於一個主體（我）和一個對象（熱）之間的區隔與對立。

我們將自己的經驗切割為「我 vs. 熱」，以為這樣就能掌控它。這種把感受客體化、將自我與世界二元分割的觀點，其實就是西方文明的基本架構。我們早已習慣這樣去理解與應對世界。

那麼，洞山所說的「讓寒冷殺了那個人」、「讓炎熱殺了那個人」是什麼意思呢？難道他真要我們死在酷寒或酷熱之中？當然不是。這裡「殺死」的對象指的其實是「我」——**那個執著於自我的主體**——是一種自我中心的概念。

他要我們殺掉「我覺得冷」的「我」，如此一來只剩下「冷」，全世界便是一樣冷了，也就沒必要再說出「冷」，因為冷本就是相對的概念。當比較對象或作為判斷依據的主體消失，「冷」的結論也自然跟著消失，因此當全世界只剩下冷或熱一種，自然也不會再抱怨冷或熱了。

當我們與寒冷合一，與炎熱合一，真正沉浸在那個經驗當中，不再試圖逃避或比較的時候，我們也就停止了對那個感受的苦惱與反抗。

洞山良价禪師的法談中，蘊含著貫串我們日常生活的深刻洞見。假如我們做事情時**全心投入**，與那件事**合而為一**，便將不再有「我能做好嗎？我現在做的是對的嗎？這件事適合我嗎？」等想法。

當我們與某人交談時，若能全然進入這段對話、與之合一，就不會想著「他會如何看待我？我有沒有說錯話？他喜歡我嗎？還是討厭我？」因為當我們與行為合而為一，走進去裡頭，就不再有比較或下判斷的縫隙了。

因此，避免寒冷的唯一方法，是走進寒冷裡；而避免暑熱的唯一方法，是走進暑熱之中。如此一來，無論冷熱，都與人合為一體，「冷」或「熱」的分別之心也就不會生起。

當我們遭遇某個問題、障礙、困難或痛苦時，唯一的出路，就是徹底進入那個問題或痛苦本身。越想消除、甩開，事情就越無法如願，只是徒增痛苦，更讓人無法脫離。所以我們該做的正好完全相反，我們應該殺死問題裡的「我」，讓一切合而為一。如此一來，主體消失了，對象也消失了，也不存在該解決問題的人與問題本身，這種無分別的狀態本身，就是自由的顯現。這是一種「好好殺死自己」的技術，隨著呼出的氣息，一併放下一切。這就是所謂的——吐氣練習。

焦慮時代最需要的「吐氣練習」

放下、淨空、放手，現代人已經聽過太多這些詞語，反而很難了解這些話背後真正意義。這不是「反正應該做不到，不用太費力」，也不是「已經很努力了，可以休息了」，更不是放棄、放任或放縱的意思。

我們的文明就如同建立於一片名為「控制」區域裡的高樓大廈。我們必須預測、預備，將好的東西納入，將不好的東西擋在門外，精打細算。可能造成損失的東西，我們必須捨棄或迴避，可能有利的東西，就要盡快握在手中，這就是我們生活的社會的運作原理。

我們總是在找出不足之處，想要填補匱乏。發生一些不好的事情，許多人就會想：「那是因為我的自尊感太低了」、「我有依附關係的問題」、「小時候沒能獲得足夠的關愛」。大家認為想過得更好，就必須彌補或培養自己不足的某個部分，所以我們都很努力，想知道自己究竟哪些方面不足，進而努力填補或培養。

科技發展的同時，代表著控制力也在進步。問題被視為必須事前消除或儘快解決的東西，而能夠達成「社會認可的目標」才被當作一種能力。於是，大多數人都只習慣往前衝，無論是個人還是社會，都過度偏向「獲得」與「補足」。結果就是，我們這個時代充滿了不必要的緊張。個人也好，關係也好，社會也好，唯有協調緊繃與放鬆，才有可能健康。

早已遺忘如何淨空、舒緩、放下的人們，神經系統經常處於敏感狀態；因為時常繃緊神經，只要有人稍微碰到他，馬上就被撕裂或爆炸。明明不怎麼危險的刺激，對他們而言也是難以承受的可怕威脅。因此近年來，越來越多人被診斷出焦慮症、恐慌症，光上下班就讓他們精疲力盡。無止盡的焦慮，也會演變成慢性憂鬱症。

蔓延在我們時代的精疲力盡、焦慮、憂鬱，其實是整個社會的「症狀」，告訴我們一味「填滿」的策略再也行不通了。**光靠「填滿」是無法好好生活下去的**，不懂得放下，只想全數握在手裡，最後雙手就什麼也抓不住了。

我們有可能不吐氣，一直吸氣嗎？以不懂得吐氣，只是一味吸氣，最後死於呼吸困難來比喻大多數現代人的狀況，也許一點也不誇張。

呼吸中的「呼」代表吐氣，「吸」代表吸氣。其實明明是「呼」，也就是吐氣在前頭，許多現代人卻無法好好吐氣，因為我們一天之中大多數時間，都集中在緊握不放、緊張、填滿上。我們不擅長吐氣，所以很難放手、舒緩、淨空。

那麼，究竟該怎麼做，才能夠好好吐氣呢？想達到真正的放下、淨空、放手，該怎麼做？什麼叫做走進不確定性中間，而非試圖減少、消除或預測不確定性呢？

決定放下前，先看清楚

所謂「放下」，並非眼睛一閉、放棄一切，而是睜大眼睛，看見完整的真相。我們很希望受到社會認可，備受眾人喜愛，但即使我們再努力成為聰明又會賺錢、外表好看、交友廣闊的人，也得明白那並不是「全部」。我們是「時間」與「空間」的存在，靠擁有某種固定的東西，是無法真正滿足欲望的。單靠不斷追求、不停向前衝，絕對無法讓我們抵達幸福終點。

如果你不滿意現在的人生，那不一定是因為你「還沒做夠什麼」，而可能是因為你「沒有好好看清眼前的一切」。是因為我們不斷製造出欲求，遮住了真實。想看見完整的真實，就不可以逃避，不能用東西去掩蓋其他東西。

靜靜停留在當下，去看。這就是修行。真正的休息來自於吐氣，而吐氣是放下、是淨空、是放手。而要能放下，就必須看清楚。不清楚腳底下有什麼，你敢跳下去嗎？當我們不清楚自己在什麼情況下放手、放了什麼，自然也不可能真正放下。在冥想之前沒弄清楚冥想的意義，那靜坐也不過是矯正姿勢或注意力訓練罷了。

我們面臨的問題一開始看起來都很簡單，但很快就會發生第二個事件、第三個事件，能量開始打結，線頭糾纏，情緒湧現，問題就變得複雜起來了。這些絲線錯綜複雜，再加上情緒進去，問題就更複雜了。痛苦、疼痛、人際關係的困難……我們無法逃避這些人生困境。我們必須面對這些糾結的「結」。

要打成一個結，需要許多條件組合搭配。自己的人生、他人的人生、彼此的性格、原因與結果，相當複雜，光用想的也無法理解全部。所以，不要急著解決問題，如果貿然拉扯，只會把線扯斷。請溫柔地拿起這一團線，緩慢、細心地靠近它。請慎重思考，從哪一端開始鬆開比較好。

首先，要以一顆「溫暖的心」看待發生在自己身上的所有事情，以及那些已經交錯環繞的結，要順其自然接受問題、矛盾、痛苦及困難。若希望當人生碰上困難也有辦法好好處理，就需要修行。所謂修行，就是就是對自我實相的覺察。

我們要明白自己的存在，其實就是「時間」與「空間」，並將自己交給廣大的天空。好好了解如何放下、如何好好死去、如何吐氣，才是人生中最重要的事。

別只顧著大口吸氣，吐氣時也記得要放下一切。別緊抓著東西不放，也不要試圖掌控什麼。記得，是完全放下，就像把自己託付給一口巨大的氣息一般。當我們完全將氣吐出去，就與世界萬物合而為一了，再也不會想要去控制任何東西。每一分每一秒都可以好好死去。領悟好好死去的方法後，將不汲汲營營抓住東西。

畢竟，無論是在意識中還是潛意識裡，**很多問題的根源，都是因為「我們太用力地想要活下去」**。若能明白吐氣與吸氣的道理，那麼「清空」與「填滿」就會自然地交替發生。無論身處什麼樣的環境，只要盡心活在當下，一切就會沒事的。因為，不管你是否意識到，你的「呼吸」依然會照顧著你。

如何經歷、為何經歷？

生活中經常會碰上預料之外的事，有些人經歷低潮會成長許多，有些人卻變得更負面、更頹廢，整個人更崩壞，為什麼會出現如此差異呢？

當我們越身處低潮，就越沒有多餘心力，這使我們更容易照平時習慣行動，露出真面目，露出原始狀態。有些人大發脾氣、怨天怨地，有些人習慣鎖上門，讓自己陷入無底洞。也有人習慣去找別人抱怨、執著於那件事上，又或者變得更忙碌，忙於迴避已經發生的事情。

碰上低潮的時刻，每個人特有的傾向自然會浮現出來，因此「自我主題」會變得相當清楚。自我主題這輩子可能已經無限反覆多次了，你卻不自知，若想知道自己的自我主題是什麼，碰到低潮時，你得更花心力好好注意。或許這個狀況的出現，其實是為了讓我們發現這件事情。

該怎麼做才能好好解開上天賦予的難題，達到真正的成長與領悟呢？大致上有兩種方法：

一是**走進自己的體驗中**，仔細感受那顆核心；

二則是**移動自己的觀點**，眺望全景。

舉例來說，當親朋好友找我們訴說心事，一把鼻涕一把眼淚地傾訴他的痛苦，我們可以和他一起感受那樣的情緒，藉由認同他的話來安慰他；也可以同理他的心情與狀況，往更大的方向看，找出他為何經常碰上這種事的理由。

前者是他「如何」經歷，後者則是他「為何」經歷的問題。這個道理也適用於我們自己的經驗上。**察覺每一個感受到的難過情緒與經驗，讓自己深度連結**，就是一種「如何」的工作，而**移動視角，眺望相關人物與狀況**，就是「為何」的工作。

這兩項工作在我們大腦中是以不同方式發生的，有趣的是，它們其實算是競爭關係。換句話說，當一項作業正在進行，另一項就不會運作。當然，這兩項工作相輔相成，彼此有直接影響。修行許久，已經對這兩項作業很熟悉的人，可以在非常短的時間內進行「深度體驗」，再轉換到「觀點移動」，然後再回到「體驗」當中。初次嘗試的人建議先充分嘗試第一種方法後，再使用第二種方法。

為什麼建議各位先嘗試走進體驗中，充分探索該內容後，再嘗試移動觀點的方法呢？因為如果馬上跳到後者，很容易招致我們壓抑或迴避情緒的結果。

首先，「這是什麼樣的體驗？」的問題，就在告訴我們：「我即將進入體驗或情緒裡了。」我們發覺每一個自己感受的感覺及情緒，替他們貼上標籤，或表達感受。如同前述，接下來我們要照以下階段慢慢進行：

1. 現在我身體的哪個部分正在發生什麼事？
2. 我感覺到哪個部分的什麼感覺或情緒？
3. 用全部的「我」花心思去照料那一個部分，就像媽媽照顧孩子一樣。

照前面所說，如果你已經完成在體驗內容上建立「關係」的作業，接下來就嘗試「洞察」，也就是轉移觀點，觀察來龍去脈。這部分我們可以藉由以下提問進行：

1. 現在我經歷的痛苦從何而來？這種痛苦的真正原因是什麼？
2. 我對那個人／那件事的期待從何而來？當初是誰賦予的？
3. 那個人／那件事有什麼困難之處嗎？我對這整件事的整體情況確切了解多少？

一個是與那種體驗建立關係，另一個則是觀察來龍去脈，洞察那個體驗。接下來，本書依然會持續進行這兩項工作。

自我主題——我最脆弱的按鈕

「很了解自己」、「對自己的理解程度很高」是什麼意思呢？我們只要問自己：「什麼樣的狀況讓我最難受？」「什麼時候我會變得最脆弱？」「為什麼會這樣？」若能夠非常具體回答出這些問題，就可以說是非常了解自己。

人人都有自我主題，每個人都有一輩子受折磨的問題；也有一顆脆弱的按鈕，只要有人按下，立刻進入緊急狀況。因此即便同樣碰上同樣情況，有的人可以一笑置之，有的人會雙頰脹紅，大哭一場，有的人則整晚睡不著覺。

與其說是敏感或遲鈍的差異，不如說那是「自我主題」的差異，也就是每個人變脆弱的狀況皆不相同的意思。

挖掘自我主題絕非易事，因為我們都會在潛意識中藏得好好的，不想讓任何人發現。並且當可能被發現時，我們會更強勢地揮舞刀劍與盾牌，又或者是拿其他事情當藉口，轉移注意力。所以，絕大多數人都無法自己察覺。

所謂理解自我，最終境界是理解「自我主題」，也就是**深度了解自己崩潰的點，最脆弱的按鈕是什麼，並了解那些東西與自己的經驗，以及其他特性是如何連接的。**同時，也是我們對過去人生的理解，對自己反覆出現之行為的理解。

這是一個關於自己的問題，關於自己哪一個部分被碰觸到，就會大發雷霆，怒不可遏？什麼情況會不分青紅皂白堅持己見？什麼時候會急忙逃跑、拉下閘門與世隔絕？各位什麼時候會出現這些反應，是什麼樣的情況，你都怎麼反應的呢？這些問題裡就有「自我主題」。接下來要介紹的執行方法，將會有助於了解自我主題。

與「不舒服」建立關係

請從自己經歷過的不舒服情感中，挑出一種最常體驗，或感覺最妨礙自己的情緒問題。假設是忌妒心，但別只用這個單字做概括，請試著修飾得具體一點，比如：「在怎麼樣的狀況，或發生這種事情時，我對這種人產生強烈的忌妒心，所以就這樣做了。」接下來，我們要針對這個具體的情緒進行冥想。

抱持溫暖且平靜的心態開始冥想，將注意力放在呼吸上，讓心靜下來，回顧剛剛的那個情緒，慢慢套用以下問題反問自己。

①注意當下感受到的原始感覺，你感受到的可能會是情緒或帶有想法的單字、句子，也可能是圖像或聲音。問問自己：最近是否曾感受過強烈情緒？是什麼樣的情

況，感受到什麼樣的感覺？現在身體的哪個部位在感受這種感覺？

②感覺到的原始狀態有什麼樣的情緒、感覺或想法？保持好奇，跟上去觀察。

——如果可以替它命名，可以取什麼名字呢？（孤獨人／冰柱／暗黑魔鬼）

——它感受到什麼感覺呢？（落寞／生氣／沒什麼感覺）

——它長什麼樣子？（像一個又小又乾癟的孩子／只有臉呈現漆黑的鬼）

——身體哪個部位最能強烈感受到它？（胃／腸／皮膚／脖子後方）

——它在告訴我什麼？

——我因為它說了什麼，而做出什麼反應？

——那個部分想要的是什麼？

——那個部分擔憂什麼？

——那個部分扮演的角色是什麼？

③停留在經驗裡。與它共處的我，有什麼感覺？我作為「整體」，對「它」有什麼感受？

第五章

實踐——不反應、不批評，只察覺

「有人問雲門文偃，『坐得端正，觀看真正本性』指的是什麼？雲門文偃回答：『就是走進河裡面找自己掉進去的錢幣』。」[14]

——諾曼．費雪（Norman Fischer，禪學作家）

冥想修行準備

準備一塊瑜珈墊或地毯、毯子、坐墊等，什麼都可以，只要有一點厚度的墊子，讓我們能舒服坐著就好。然後，再多放一塊抱枕或枕頭，坐在上面。抱枕不需要墊到大腿及腿部，只要墊在屁股底下，讓它能支撐脊椎。如此一來，屁股位置提高，放在地上的膝蓋到屁股就呈現自然傾斜。抱枕的高度必須足夠，好讓我們在完全放鬆的狀態下，腰也能保持挺直。

這個坐法可以使脊椎放鬆，同時比較不會壓迫到腿部，血液循環更順暢。若大腿下面沒有空間，完全平坐在地上，可能導致嚴重腰痛。我們挺直腰背，坐在抱枕上，讓身體所有緊繃的部分放鬆。待將來身體習慣這個坐姿後，慢慢就不需要那麼厚的抱枕了。

1. 場地

首先，我們需要一個安靜的空間來坐禪。其實熟悉坐禪以後，將不會受噪音影響，然而剛開始嘗試坐禪時，安靜的環境還是比較能幫助我們進入坐禪狀態。熟悉姿勢以前，最好固定於同一場所進行坐禪，因此建議選擇每天能固定使用的場地。此外，我們保持體溫適中，讓自己不會太冷或太熱，穿著舒服且乾淨。也記得調整房間亮度，太亮容易讓人分心，太暗則容易想睡覺。

2. 時間

坐禪最好維持固定時間，規律進行。這並不是原則，只是這樣做更能讓身體養成習慣。我們可以早晨起床時稍微伸展身體，充分讓自己清醒後進行，也可以在完成一天所有行程後，於傍晚時段坐禪，為一整天做結尾。一開始每次進行十分鐘左右，然後以五分鐘為單位慢慢增加時間，待身體熟悉坐禪姿勢後，一次進行三十至四十分鐘，若能每日固定進行是最好的。

3.手腳

坐禪最常見的姿勢是雙腳採雙盤（結跏趺坐）或單盤（半跏趺坐），不過各位也可以採取身體覺得舒服的姿勢即可。左腳可以放在右大腿或小腿上，甚至放在地板上也沒問題。手可以交疊放在前面，也可放在膝蓋上。疊在前面時，右手請讓手掌向上，放在左腳上方；左手的手掌同樣向上，放在右手掌上。雙手的大拇指輕輕互碰。將手放在中間，我們的焦點比較容易聚集在心靈平靜及平衡上，放在膝蓋或大腿上，則更有舒緩及休息的感覺。

4.口鼻

呼吸靠鼻子，自然呼吸即可。身體熟悉打坐姿勢後，呼吸自然會逐漸拉長、變深，因此不需要特別控制或調整呼吸。若鼻子完全塞住，難以用鼻子呼吸時，則改以嘴巴呼吸。

有時嘴巴或下巴會不自覺用力，這時可以將舌尖碰到上排牙齒與牙齦的交界處，輕輕閉上嘴巴。確認口鼻狀態時，可以注意自己是否用力咬牙，或下巴用力了。

5. 起始與結束

身心都準備好了以後，大大吸一口氣，再大口吐氣。身體往左右慢慢動一動或轉一圈，使自己保持平衡，採取舒服的姿勢。腰背挺直坐正，不往左右兩邊靠，也不往前後彎。姿勢準備好以後，我們就盡量不動了。

坐禪前設定好時間，待時間一到，鬧鐘響起時，先讓身體往左右慢慢動一動或轉一圈，放鬆一下。慢慢地，維持平靜覺察再移動。我們可以在原地維持輕鬆坐姿或躺下，甚至做伸展也可以，只要不突然讓身體做大動作，或立刻從位子上起立即可。

第一階段：舒緩

舒緩部分每次進行十到二十分鐘。

①坐姿維持端正，並確認身體所有部分是否舒緩、放鬆了。接下來確認眼睛、雙頰、顏面肌肉、嘴巴、牙齒與下巴是否在用力。若眼睛用力了，我們的頭就無法放鬆，如果我們感覺頭很重、無法專心或眼睛不太舒服，也可以暫時閉上眼睛進行。

由上到下依序放鬆，舒緩頭、臉、脖子、肩膀、胸部、肚子。要是有任何身體部位仍處於緊繃狀態，重新按頭↓臉↓脖子↓肩膀↓胸部↓肚子的順序慢慢放鬆下來，舒緩所有部位。

②舒緩好身體後，接下來，也放鬆心靈與心情。若仍感覺心靈焦慮或尚未穩定下來，則再次進行①的動作，先讓身體完全放鬆（二十分鐘裡頭只進行①與②也是一種很好的冥想經驗）。

③順利完成①與②的步驟後，睜開眼睛，讓眼睛朝下四十五度角，看向一公尺前的地板。這時，我們不去看特定對象，讓眼睛自然放鬆，而非刻意去「看」。要是仍覺得眼睛有點緊繃，也可以再次閉上眼睛。若覺得睏了，就睜大眼睛。不過，睜開眼後同樣不去看特定事物。

④這次我們要試著覺察「靜坐時身體的『整體』感覺及感受」。不執著於特定感覺，不將注意力放在視覺、聽覺、嗅覺、觸覺等任一感官資訊上。要是聽見或看見東西，我們只要察覺自己聽見、看見了，再重新回到「覺察整體身體」的步驟即可。

持續將注意力維持在「靜坐時整個身體」的感覺上，不去注意屁股、腿、手或肚子等身體特定部位。自然呼吸，不帶有刻意的想法，覺察的同時讓呼吸自然進行即可。即使身心某處出現不舒服的感覺，也不要聚焦於那個部分，不要聚焦於任何部分，只覺察靜坐時整個身體的運行，再次將**注意力放在身體的整體感覺上**。

當身體還有一點緊繃時，我們的心可能會焦躁，無法安定下來，當你有這樣的感覺，就再次回到①的階段，從頭部開始覺察下來，舒緩緊張。

經常碰到的困難：太多期待

①坐禪的關鍵，是打開胸口，頸部以下到腰部打直，讓這塊地方能自然放鬆。姿勢越端正，就越能輕鬆久坐。當然，一開始嘗試到身體習慣坐禪姿勢，會需要一段時間。平時因工作壓力導致肩頸相當緊繃的人，通常比較難立刻舒緩下來。初期因不熟悉打坐姿勢，也可能會覺得腰緊緊的，若平常姿勢有點駝背，更容易覺得不舒服。不過，這些不舒服的感覺通常只要一個月就習慣了。

②一開始坐禪就設定太久時間，一般人容易受不了，反而難長久維持。我們先從十至二十分鐘練習，再逐步拉長時間。我們首先需要花一段時間讓身體適應姿勢，一開始設定太久時間，其實不僅腰酸背痛，也容易氣餒、失去興趣，所以，別讓自己太

有壓力了。

③無論坐禪進行得順不順利，既然訂下時間，請盡量固定維持下去。如果設好二十分鐘的鬧鐘，就維持這個時間。假設你不自覺冒出「今天很順利」或「今天不太順利」的想法，也不要管它，專注於我們的動作。

④不抱任何期待，只要「盡全心全意」靜坐。你可能某一天進行得非常順利，覺得很幸福，相隔一天，又覺得心靈紊亂，不知所措；這都是非常正常的現象，不需要擔心。**心本就時刻變化流逝，所以不要去期待**。

無論發生什麼事都不要受影響，有難過的事情，就與難過的事情一同靜坐。最痛苦的體驗可以成為最有價值的資源，使我們的智慧成長。若你已經坐禪好幾週卻依然難以集中注意力，也不需要灰心喪氣，改變習慣本就需要時間。別著急，放輕鬆吧！

⑤一想到冥想或修行，我們腦中通常會浮現嚴肅的氣氛，但其實少了一顆溫暖的心，很難長期維持坐禪的習慣。真正的修行是對自己的身心抱持好奇心，溫暖又親切地照顧自己，就像家有孩子或動物等生命一樣精心呵護。

⑥坐得舒服一點，並想像自己的想法是一臺電腦，將想法關機後，再開始冥想。

冥想並不是自我省察或反省，不需要注入太多能量給頭腦。即使冥想時腦海中浮現一些碎片想法，也不需要擔憂，就放它們去，將注意力聚焦在自己身體的感覺上。

當你焦躁，無法專心時

許多時候，我們的心裡充斥的是對未來的空想，對過去已發生之事的無數話語。這種精神興奮狀態是冥想的相反狀態，是長久以來身體已經習慣，且難以一下子改掉的舊習。

只要我們為那些發生在心靈表面的事情庸庸碌碌、四處奔波，我們就絕不可能穿越心靈，進入到心靈深處，無法培養必要的專注力，認知現實的原貌。

要鎮定精神興奮狀態有幾種方式，其中一種是完全將焦點放在呼吸上，讓心靈沉澱下來。當注意力一分散，就馬上靠呼吸將注意力帶回來。無論浮現任何想法或感覺等，都**不需要去介入或阻攔，只要靜靜觀察它的樣子**。

試著將不斷浮現的想法或感覺當成心靈掀起的浪花吧！它們去了又來，來了又去，所以不需要當作問題。

不過，偶爾被嚴重執著或憤怒等強烈情感牽著走，導致我們難將注意力放在呼吸上時，就需要另外針對這種情緒或想法處理，這部分我們會在稍後介紹。倘若不是因特定情緒或想法受影響，就是不知為何，有股焦慮、一直分心時，有一種「三三三呼吸法」能幫助改善聚焦於呼吸。

三三三呼吸法

①用手指摀住右邊鼻孔，用左邊鼻孔吐氣，接下來用手指摀住左邊鼻孔，只用右邊鼻孔吸氣。也就是說，吐氣用左邊鼻孔，吸氣用右邊鼻孔，吐氣與吸氣是一組，按照這個方式呼吸三次。

②接下來反過來進行：只用右邊鼻孔吐氣，左邊鼻孔吸氣。鼻孔吐氣吸氣角色互換後，同樣進行三次。

③接下來放下手指，用兩邊鼻孔感受吐氣與吸氣，這樣子呼吸對於進入真正的冥想狀態非常有幫助。

將注意力放在吐氣及吸氣，不要想其他事情，專心於感受空氣進出鼻孔。

如果你容易分心，最需要的就是耐力，有耐力才能幫助你好好運用心靈。別因為進行得不順利就失望或焦急，越反覆身體就越習慣，身體習慣了，就沒那麼難了。

只要坐下來就想睡覺時

有時，我們腦袋裡充滿各種複雜思緒；有時，則是身體昏昏欲睡。腰背未打直會容易讓人想睡，但就算身體某處處於緊張狀態、有些僵硬，人還是可能感覺到睡意。通常眼睛一閉，我們的身體就會準備睡覺，所以才得睜開眼睛。我們要確認背是否挺直了，頭是否太低向前了。頭一低，也會讓人想睡覺。還得確認房間是否太暗了，調亮燈光也有助於趕走睡意。

這時換個姿勢，打開窗戶，吸一點冷空氣也很有幫助。如果這麼做了，你還是覺得想睡，就起身用冷水洗臉，或稍微走走、做伸展操。如果睡眠十分不足，或身體處於相當疲憊的狀態，那其實不適合進行冥想，應該先讓自己好好休息。

禪宗裡經常談坐禪必須避免的三件事——飢餓感、睡意、寒意，這是告訴大家避免在太餓、太想睡的狀態，或太冷的地方進行坐禪。當然，如果你處於緊張狀態或長時間工作，需要舒緩身心，也有身體掃描（Body scan）或其他冥想方式可以練習。

如果身體太疲累，希望靜靜休息，那冥想時也可以閉上眼睛。不過這時候冥想的目的就不在於覺察，而是「舒緩」。紓解身心的緊張與睡午覺一樣，都是好的休息。此外，睡覺前讓身體放鬆的冥想，可以採取躺姿，將注意力放在呼吸聲音上，冥想中慢慢進入夢鄉也無妨。

平時精神比較緊繃的人、經常感到焦慮的人在進行冥想後，因為放鬆了，也可能常感覺到睡意。冥想過程中經常感覺想睡，也有另一種可能是深層的憂鬱症狀之一。另一種可能則是感覺「無聊、無趣」，才會覺得想睡。最後一種可能是潛意識中害怕與自己對話，因而出現的迴避舉動。

無論是哪一種理由，如果你正在打瞌睡，就得馬上察覺。不過這麼做與其說是要你分析狀況，更重要的是觀照自己的呼吸狀態，別陷入睡眠，讓自己保持清醒。

如何處理不舒服的情緒

當身體不舒服時

坐下來後身體舒緩了、感覺舒服了，冥想自然會順利進行。然而，偶爾還是會有不太順利的時候。我們身體的緊張大部分與心靈相關，來自於未能解決的問題，比如恐懼、擔憂、憤怒。最有效的解決方式就是察覺這些問題，然後暫時放在旁邊。用「視覺想像」將那些繁雜的事情先放在自己的位子旁邊，也很有幫助。

另外一個方法是呼吸深一點、慢一點。想像身體的緊張或痛苦隨著我們吐氣一起排出去，同樣也是非常有幫助的方式。要是膝蓋、腳、背疼痛程度嚴重，也可以換成更舒服的姿勢。不過有時暫時觀察那種痛苦，也是很有用的方式。與其害怕所謂「痛症」，不如觀照痛覺，靜靜看著它，告訴自己：「原來是這樣的感覺啊！」

被噪音影響時

能夠在安靜的地方冥想當然是最好的，但現實中我們確實很難阻絕所有噪音。**問題並不是噪音本身，而在於心靈對噪音的反應方式**。不知從何處傳來喜歡的音樂聲，注意力就會轉往音樂，這是執著。相反地，若是吵雜或難聽的聲音，我們將感覺煩躁，覺得不愉快。無論是哪種情況都難以忽略。

我們的心會開始製造批評那股噪音的意見：「那什麼東西？」、「誰製造的聲音？」、「拜託停止好嗎！」也可能想起過去經歷過的類似經驗，開始思考如何才能讓那股聲音停止。這些想法和情緒，才是真正的問題。

聽見某種聲音，就覺得好討厭，希望聲音趕快消失，感到不舒服時，冥想就已經結束了。然而趕緊察覺自己感受到的不舒服，放下想控制的心態，冥想還可以繼續。

我們要學的是**察覺心裡發生了什麼事，但不要去做反應，不要去批評，只要繼續覺察**的方法。不要引起喜歡或討厭的想法，只是靜靜聽聲音出現，聽它變大或變小，聽它消失。

持續反覆這樣的練習工作，漸漸就會體驗到神奇的事情。你會發現我們究竟在心裡引發多少判斷，製造出「這個很這樣」、「那個很那樣」的想法。你會看到自己真的連極為細微的東西都過不去，從這些經驗中明白：心裡的亂與躁，都來源於自身的判斷與解析，而非外在的刺激。

第六章

問題——我是否在逃避，或無法承認某些事？

「無法接受自己所在之處發生的問題，
就不可能完整接受自己。」[15]

——鈴木俊隆
（日本曹洞宗僧侶，將禪宗思想介紹到西方世界）

不好過時，你可以這樣照顧自己

①進入冥想前，先確認自己的身心狀態。現在心靈是否有點急躁？是否睏了？有沒有哪裡感覺疼痛，總是會被影響？是不是一直想起誰說的話？正在生氣嗎？無論是什麼，進入坐禪以前，都要先檢視自己當下的狀態：「我現在感覺怎麼樣？」

②現在感覺怎麼樣？可能是明顯感覺得到的心情或感覺，也可能是身體的感受，比如哪裡癢，哪裡覺得似乎拉到了、緊緊的，或是覺得痛。感受來自身體的原始狀態，試著與它共處。

現在有什麼想法？是否忙著想待會要做的事情？是否覺得想睡了，有點煩了？還是因為放空，所以什麼想法都沒有？又或者是充滿了各式各樣的想法，思緒很亂呢？

無論現在狀態如何，我們就是去好好察覺那些狀態，與那些狀態共處。**如果有問題，不要去解決問題，只要和問題共處**。

現在我的內在有沒有牽走注意力的不舒服感覺，或是情緒、想法呢？有的話，我們用一句話概括：「我在〇〇〇部分感覺很〇〇〇」。

傾聽不舒服的冥想

①保持端正姿勢坐下。

②深深吐氣，藉由呼吸讓心裡靜下來。

③若有不舒服、不好受的情緒或想法、感覺，請找出具體部位，究竟是身體哪個部分主要出現這種感覺，然後將注意力集中在那處。我們要做的不是分析，只是「體驗」，因此不是在大腦中尋找，我們得從身體尋找。

④這個部位可能是肩膀、胸口或上腹部、下腹部等，將注意力放在感覺不舒服的

部位上，然後吐氣，同時讓那個部分的緊張及擔憂一同排出去。

⑤將吸氣時帶進來的能量送到那個部位，以新鮮空氣送來溫暖的感覺照顧它。

⑥結束後以舒服的姿勢休息，也可以再用手撫摸剛剛不舒服的地方。

用身體感覺情緒——別再寫故事！

在進行呼吸冥想時，重點不是思考如何呼吸，而是去體驗呼吸。就好比我們騎腳踏車時，並不會一直思考：「先這隻腳踩，再換這隻腳」或「右腳快了三秒，等下速度要調回正確速度」對吧？我們就是把自己的身體交給速度。呼吸冥想的道理也很類似，呼吸冥想並不是去思考呼吸，也不是觀察，更不是分析。我們要做的，僅有時刻體驗呼吸的進進出出。

情緒也是同樣道理，我們就是去「感覺」。我們去感覺胸口像被人揪住或刺痛的感受、肚子裡悶悶的感受、肩膀沉重的感受、後背變僵硬的感受等。**當這些感受即將被文字化、被寫成故事時**，像是：冤枉、孤獨、憤怒、後悔、罪惡感、惋惜——**我們**

得及時察覺，停下來。

接下來，我們更靠近身體真實的感覺。有時，因身心裡充斥著痛苦，我們可能什麼都做不了，這時我們要和痛苦一起，或坐在痛苦之上、坐在痛苦之中。我們不需要努力做什麼，只要停留在那，靜靜地呼吸，等待。

如果你覺得很難坐下來，那也可以和它一起站起來，慢慢走走。你也可以喝杯水或一杯熱茶，記得維持和那些令人不舒服的情緒、痛苦的部分一起同行的感覺。

如果你每次都想擺脫、忘卻那些不舒服和不愉快的情緒與感覺，就好比把它們當作在巷子裡遇見凶狠的狗，只能繞道而行，每次都得逃跑。如此一來，我們便會錯過深度理解自己的機會。

因此，即便剛開始會覺得很難、很有負擔，但若能**接受那些是自己內在的一部分，深度體驗它，然後走出去**，下次碰到時必能更彈性處理。如何與自己不喜歡的情緒、不愉快的事物建立關係，最終形塑出我們看待自己的態度，這在冥想中是非常重要的過程。

虛假的平常心並沒有任何意義。在冥想活動中擺出平靜的表情，彷彿自己已經超越一切，回到家來還是大發雷霆，大喊大叫，怪東怪西，那有什麼意義呢？

所謂的「我」，是一個可以保存所有東西原貌，放下它們的空間，而坐禪是一種能好好體驗這件事的方法。坐禪是能深入觀照自己所有面向的過程，也是機會。若能在日常生活中自然地、固定維持，自然是最好的。

參加寺院生活體驗或修練課程的密集修行是為了學會修行方法，或讓我們回到日常後也能自己賦予動機。參加活動並不是讓自己的體驗僅止於當下，反而是一個開端。回到家後，必須在日常中延伸下去。就如同吃完飯後刷牙一樣，偶爾必須坐下來，讓自己的身體習慣這件事。

不是感受到正面情緒，比如喜悅、舒服、安心等就是冥想成功，感受到負面情緒如悲傷、害怕、焦慮、生氣代表冥想不順利。**無論是什麼樣的情緒、什麼樣的體驗，能夠與其共處，才叫做冥想。**靜坐冥想時，你可能感覺身體內的憤怒正在爆發，也可能感覺害羞，讓臉頰漲紅。又或者不舒服的感覺像要衝出身體，或因感到惋惜、煩悶而落淚。

情緒變得如暴風雨般強烈，一直都是因為想法的關係。來自過去經驗或對未來幻想的各式各樣想法加諸在情緒之上，使得浪淘越掀越高。一開始只是隱約感覺不舒服，「想法」加油添醋後，逐漸變為更清楚、生動的情緒。

不是努力維持平靜，是與經驗共處

火冒三丈或情緒低落時，我們能淨空一切，專心在呼吸上嗎？我想，應該沒辦法。即使做得到，那可能也必須迴避或壓抑情緒才有辦法。當你的情緒很不好時，我們就應該進入「情緒」的體驗當中。

不要在腦中攪拌想法與情緒，捏造故事；情緒越是不好，我們就得將注意力轉移到身體，大腦可以暫時請它關機。深深吐氣後，再深深吸一口氣，和呼吸一起在身體裡體驗那股情緒。

呼吸是使我們停留於當下最有用的方法，因此我們能**善用呼吸作為繩索**，**進入到強烈情緒體驗之中**。當我們忘記呼吸，直往情緒裡衝，可能反被情緒壓制住，甚至可能被情緒淹沒窒息。若能夠維持呼吸，與情緒共處，就不會被壓制淹沒，好好體驗體內產生的情緒原始樣貌。

即使你已經臉紅，感覺紅得要爆炸了，或手腳冰冷，腦袋一片空白，又或者是感覺頭很痛、頭昏眼花，甚至是怒火中燒，只要我們不忘記呼吸，維持下去，很快就會沒事。我們必須和這些情緒一起呼吸。這不是努力維持平靜，專注在呼吸上，是與自己的經驗共處。

不是利用我們的想法或行為趕走不舒服的情緒，而是**「靠近」不舒服的體驗**，這點很重要。我們在不舒服的體驗中呼吸，我們在與強烈的情緒——也就是我們自己的一部分——共處。這時我們反倒可以想像，彷彿自己更進一步吸入反覆出現的不舒服情緒。

作為整體的自己，去擁抱部分的自己經歷的不舒服情緒及痛苦。當你感受到生氣、害怕、嫉妒或匱乏感時，就藉由吸氣一起將它們帶進來吧！世界上不是只有我們自己會感受到這樣的情緒，許多人在過去、現在、未來，都和你有類似的痛苦。這本就是人類普遍經歷的事情，一點都不需要引以為恥。

當然，這做起來不簡單。不過，有時候我們需要走進那個體驗裡，即使會有股抗拒感，覺得不舒服，還是需要這麼做。為什麼呢？因為只要有過一次真正走進情緒裡，與情緒共處的經驗，下次即使類似情緒又跑出來，就再也不會害怕了。我們就不需要逃跑或壓抑，我們將會更了解自己，變得更有彈性。

讓「覺察靜坐時的全身」作為主軸，將自己緊緊綁住，在情緒裡維持呼吸，接下來情緒可能變弱，也可能增強。當強烈情緒在不知不覺中減少或消失，就任由它消失。若強烈的情緒仍在，就慢慢地深呼吸。

用身體感覺情緒——回到當下的好工具

你現在聽見什麼？看見什麼？聞到什麼？嘗到什麼？肌膚上感覺到什麼？我們的聽覺、嗅覺、味覺、觸覺等感覺的體驗一定是「即時」的。當你在想「這個不錯」或「這個不好」，然後想起某些事情，陷入思考時，當然就錯過了即時發生的體驗。發呆、陷入思考的人很難捕捉到當下眼前發生的事情，所以這些感覺就是讓自己發覺當下、這裡的好工具。

有趣的是，這些感覺器官既可以成為我們照顧心靈的好工具，同時也可能是增加我們痛苦的來源，怎麼會這樣呢？人們藉由眼、耳、鼻、舌、肌膚察覺外在的刺激，一察覺到什麼，我們同樣會在不知不覺中給出判斷。

我們的大腦與身體時刻都在解析並做出反應，比如：「這個〇〇〇，不錯」，或「這個感覺是〇〇〇，很讓人覺得不舒服耶！真討厭」等。世上並沒有所謂「客觀的感覺」，可以將感覺與體驗的當事者分離。當判斷與解析一介入，感覺經驗就成了人類執著或厭惡的對象。

人類經歷的痛苦大部分與這些感覺經驗有關，「創傷」也歸咎於感覺體驗與記憶結合而產生。視覺、聽覺、嗅覺、味覺、觸覺中某些感覺觸碰到特定記憶，誘發想法啟動，製造出一團團的情緒，最後導致當下、當場的感覺被阻斷了。過度預防潛在危險的防禦機制放下身心的柵欄，反而意外導致我們被困在當下，這就是創傷。

心理諮商師在治療創傷時，有一些必提起的原則，其中一部分就是**「讓一隻腳踏在現實上」**。當我們又再次體驗到過去經歷過的嚴重焦慮、恐懼、程度相當高的疼痛，又或者是徹底感到無力的狀況，我們很容易被壓制住。如果今天我們的雙腳都踏進過去，很可能會被想法及情緒淹沒，陷入比過去更大的痛苦及混亂之中。所以我們必須將一隻腳穩穩踩在現實上，在安全的環境下重新體驗，這是非常重要的。

最具代表性的方法是與專家一同練習。我們可以做個比喻，當我重新進入到過去的坑洞中，事前已經在腰上綁好堅固的繩索，還必須將繩索固定於「現在」，而緊抓住繩索的就是諮商師。即便過去的體驗再痛苦，我們還是能**感受「現在和過去不一樣了」、「現在很安全」，在這樣的情況下重新體驗過去。**

不過，其實冥想也能夠扮演類似剛剛那條繩索的角色。光是維持覺察「靜坐時的全身感覺」，就能將船錨下放到現在所處的位置。如果能將繩子綁在穩固的大樹上，將注意力放在「靜坐時的全身感覺」，彷彿下到坑洞裡尋找東西，與同屬自己內在一部分的混亂經驗共處，是絕對不會被淹沒或被捲走的。

無論各位經歷了什麼，只要能將全身繃緊的神經一一放下，**維持覺察「全身感覺」，就能看見內在或外在發生的所有事情的原貌**。即使一些自我層面可能努力試圖控制，為自己貼上「受傷了」、「我是受害者」、「自尊感崩潰」、「沒用」、「被拋棄了」等標籤，導致我們有些受影響，但整體的我並不會被它左右、受它影響，或被牽著走。我們可以停留在與這些情緒共處、感覺到它們，但不會去解析或評估，使它們維持各自的感覺。這就是我們所有人已經具備的「整體的我」。

第七章

靜止——此刻，是什麼阻礙我安然停留？

「我們經常談該如何填補縫隙，
但總是流於空談，連實際是怎麼一回事都不了解。
然後我們厭倦了。
請務必停下談話，讓心靈慢慢沉澱，
就任由當下生命的能量不斷流去吧！」[16]

——片桐大忍

「覺察全身」的方法

有許多剛開始練習的人說，覺察全身的感覺很難。也有人問，禪叫我們不要去想，但是怎麼樣才能不想？其實冥想並不是不要思考，也不是淨空。冥想並非去思考，也不是不要思考，它更接近我們去發覺、觀看自己在思考或不在思考，藉這個動作**讓自己不被思考的內容牽著走**。

我們常在不知不覺中轉動「不必要思考」的轉盤，假如我們能戒掉這個習慣，只在必要的時候將思考用在必要的地方，一定會輕鬆許多吧？開始冥想後，我們發覺及後設認知（Metacognitive）*的能力都會提升，同時也更能有效發揮思考能力。

不過在那之前，我們得先從小的地方開始做起。這裡準備了更實用、更具體的標準——也就是運用身體感覺的方法。

①首先，我們體驗屁股碰到抱枕的感覺。我們把那個感受、感覺當作冥想的對象。不需要說明痛或舒服、不舒服，就是直接去感覺屁股坐在、碰觸、壓著抱枕的感覺。若當你發現自己不自覺開始說明，跟著想法走，只要平靜地想：「原來這就是我的想法啊！」然後趕緊回到當下就好。很單純地，我們只要感受身體的感覺就好，去感覺靜坐的全身感覺。

②讓手掌的感覺帶走注意力。將注意力放在手壓著腿的感覺，去感覺手碰觸到的東西。如果你感覺不太到，就動動手指。手感覺到什麼？有沒有酥酥麻麻的感覺呢？將注意力全部集中在手上，彷彿我們所有意識都在手中了。這時可能感覺到脈搏跳動，可能感覺到酥麻或一股沉甸甸的感覺。從身體裡感受我們的能量，去感覺靜坐時全身的感覺吧！

＊編按：了解自己如何思考，以及如何運用這些知識來有效運用學習策略。

第二階段：身心合一

這個階段，是「讓自己成為靜坐」的修行。每次進行二十至三十分鐘。

保持姿勢端正，從第一階段開始。若身心感覺還有緊繃的部分，或尚未完全放鬆，隨時都可以回到第一階段。沒有充分舒緩全身，就不可以進行第二階段。尤其是覺得頭部沉重，或肩頸慢性緊繃，花幾個月時間只進行第一階段，直到自己能充分放鬆也無妨。

靜坐的身軀外，我們聽得見聲音、看得見圖像；靜坐的身軀內，可能產生想法、情緒、感覺體驗。無論是聲音、圖像、想法、情緒、感覺體驗，只要**察覺內在或外在產生的刺激，別跟著走，記得重新回到基準點**。又察覺其他刺激後，同樣回到基準點。這裡的基準點指的是「靜坐的全身感覺」或「靜坐的整體感覺」。

舉例來說，當我們感受到指尖某種感覺，察覺自己在接觸刺激後，就稍微讓自己將注意力放在靜坐的全身感覺上。當膝蓋有點緊緊的感覺時，別讓注意力往那邊去，只要察覺這件事，然後重新將注意力放在靜坐的整體感覺上。

我們不去跟隨聲音、圖像、想法、情緒、身體特定部分的感覺或特定的事物。就好比將繩子綁在馬樁上，任馬往左往右奔馳，終究會回到原點一樣，我們要讓「靜坐的全身感覺」扮演馬樁的角色。

不要刻意控制或調整呼吸，也不需要注意或計算呼吸，只要單純觀察並維持吸氣、吐氣，或肚子擴張、收縮。呼吸是一種媒介，使我們能察覺到自己正在靜坐的感覺，它並不是本質。所以若放太多注意力在呼吸上，反而可能讓我們無法注意到靜坐的整個身體感受。

萬一冥想過程中腳痛，你心想：「雖然有點痛，但我不可以動，我要忍耐！我可以忍！我絕對不會動！不要做反應！」其實你已經做出對痛苦的反應了。若不將注意力放在那個部分，只要**從全身角度來關照那種疼痛感**，它通常會變得模糊，然後逐漸削弱。然而若很難不在意，或是真的很難受，那麼可以簡單鬆開雙腳動一動後，再回到原先姿勢。覺得搔癢或不舒服時也採取同樣做法，一旦調整好姿勢了，盡量不動是最好的，但若疼痛或搔癢等身體上的不舒服感覺一直影響你，那我們可以解決問題後重新開始。

至於想法，我們得時刻保持平常心。即使出現散漫的想法，也別太焦急，同樣察覺後再回到「靜坐的全身」。尤其是當人嚴重擔憂或焦慮、怒火中燒或感到無比挫折時，更可能讓心靈紊亂。這時只要藉由第一階段的練習，重新檢視姿勢並舒緩即可。真的無法進行下去時，可以暫時起來走走，做一下其他事情，之後再重新坐下來。

身體某個地方不舒服時

冥想過程中，有許多人會感覺肚子、胸口、脖子緊緊的。我們先來觀察肚子（胸口或頸部）是否感覺好像有東西卡住，或被勒住的感覺。若有，首先要讓那個部位感覺舒服一點，溫暖地關心它。我們呼吸，同時感受被勒住的感覺以及變舒服的感覺。繼續呼吸的同時，感受一下自己是否有辦法舒緩那個部分，並且試著讓肚子（胸口或頸部）放鬆。

要注意的是肚子變柔軟的感覺，不要看、不要想，而是去「感覺」，感受用那個部位吸氣。有時呼吸很深，有時呼吸很淺，但無論是哪一種，我們就是去體驗它，去感覺呼吸進入身體，再離開身體的感覺就好。

當身體裡有疼痛或不舒服的部分，只要**將焦點聚焦於那裡即可**。身體的所有疼痛或感覺非常適合成為冥想的對象，不舒服的時候當然也能冥想，因疼痛感非常清楚，非常適合將注意力放在該處，維持觀照的狀態。

照前述第二階段的指南，感覺我們的全身，練習以全身的脈絡來看待某一個部分，慢慢地我們在面對某種想法、感覺、疼痛時，就可以一直維持「從整體看待」的角度，也比較游刃有餘。將來碰到特定經驗或事情時，也就比較不會被嚴重壓制或感覺被淹沒，相較以前，我們將能更有彈性面對處理。

難受的情緒或威脅到我們安全與穩定的不愉快、不開心經驗，其實都是非常好的領悟素材。這些素材更凸顯「無常」的道理，讓我們能再次看見真實。從現實看似屬於災難的時刻，其實就領悟的觀點來看，都是養分，或許刻意區分什麼叫好，什麼叫壞，已經沒有意義。只要當你難以承受，被壓得喘不過氣了、受不了的時候**不放棄、不逃跑，那就夠了**。有時候只要靜靜呼吸就好，不需要太努力求表現。

所有情緒、想法，都一起「坐下」

有時候，我們充滿幹勁；有時候，卻又懶散無力，連身體都感覺沉重。有些日子，想到待辦事項就讓人心急；有些時候，則莫名地昏昏欲睡、疲憊不堪。有時候，情緒無緣無故低落；有時，則因微小的期待而感到興奮。精神有時遲鈍無比，有時卻又異常敏銳。即便處於這些變幻莫測的狀態中，我們依然按時坐下，靜坐冥想。「今天冥想應該會很順利吧？」「今天的狀態不太對，應該沒辦法專注吧？」這類想法、期待、判斷，都要放下。

每次坐下來，都要與當時的期待、興奮，或失望及不舒服等各式各樣情緒與想法，一同「坐下」。我們不可能在毫無雜念的「真空狀態」下靜坐，因為冥想並不是消除或阻絕所有想法，而是與當下共處。許多人誤以為冥想就是讓大腦一片空白，因此當雜念不斷浮現時，便感到焦躁、挫敗，甚至認為自己「不適合冥想」。

但冥想的本質，是「覺察並活在當下」。那麼，如果在靜坐時，痛苦的情緒與煩惱不斷湧現，該怎麼辦？如果試著讓自己冷靜下來，卻發現停不下來呢？這代表現在不是適合冥想的時機，應該等到情緒穩定後再進行嗎？恰恰相反。真正的冥想，就是與這些痛苦與不適共處。我們要和現在發生的事情共處，順其自然。所以**我們該做的，不是壓抑或驅逐情緒，而是單純去接受它們的存在**。

不過，焦點應該放在自己此刻感受的情緒或身體的感覺、正在發生的事情就好，**小心別再多編故事了**。比如：「就是因為過去我這麼做，現在才變這樣子」或「我再這樣下去，未來一定會變那樣！」這些多餘的想法都不需要。

平時我們說自己思緒複雜，大多是因為我們還執著於過去，或者忙著擔心未來，替未來做準備。然而，當我們的意識回歸當下、專注於當前身體與內心的變化時，這些漫長的思考鏈就難以繼續。因為當下的狀態是不斷變化的，而要察覺這種變化，我們的意識就必須停留在「此時此刻」。當我們專注於當下時，便不再陷入「思考↓推測↓擔憂」的惡性循環。

當我們發現自己不自覺跟著某個思緒走，一個接著一個，就要提醒自己回到當下。當我們陷入某種情緒，開始追隨情緒與思緒，思考自己為什麼出現這種情緒，也得趕緊讓自己回到當下。

不跟隨情緒或想法、判斷，要回到「靜坐的全身感覺」。即便意識漂移了，也得盡快發覺，回到當下。

第八章

逆境——讓我最痛苦、最想逃避的事是什麼？

「各位認為根本性的問題存在嗎？
不，世上並沒有根本性的問題，只是我們如此定義罷了。
除了我們相信那是根本性問題的想法外，並沒有所謂根本性的問題。」[17]

——佩瑪・丘卓（美國藏傳佛教作家）

第三階段：讓自己與周遭環境合而為一

這個階段的修行，一次進行四十分鐘。

當我們第二階段的修行越來越深入，自然會進入到第三階段——讓自己內外合一。我們不再因身心某處分心或感到不舒服。若你仍可以感覺身體某部分的感覺，那就代表尚未進入到第三階段。這時我們必須維持對整個身體感覺的觀照，繼續第二階段的修行。

到達第三階段時，我周遭的所有事物就是「我」，而我就是周遭的所有事物。環境與我是一體的，**我能直接體驗到周圍環境，卻不會受環境影響**。換句話說，我可以直接察覺外在聲音或外在形象，也能察覺味道、觸感或內在的想法、身體感覺，又或者是情緒分子，但我並不對那些東西產生反應或受任何影響。能維持姿勢不動，心態不受影響，即便周圍有如此多樣的事物，依然能保持清醒，明白這其中的差異，這就是第三階段。

其實，我們也可以在日常生活中，比如：打掃、做菜、吃飯、洗澡等動作中修行。我們每分每秒都在進行的日常，也是「我」，並無不同。和自己手上做的事情、環境合而為一，放鬆且開放的心態、透澈的心，當我們身、心與環境三者能合為一體，就能更輕鬆進行這件事。

舒緩是修行的基礎，既然是基礎，自然要打得穩固。接下來，就是覺察身體的「整體」，並維持單純覺察的狀態。當我們身體感覺到的不適、負擔感、感覺都不在身上後，我們的感官領域會擴大，周遭環境與我們不再是分開的兩件事。這是由「單純靜坐」階段自然發展而來的階段，所以記得別提前想像，讓思考搶先一步做了。這個階段無法靠單純理解做到，需要歷經充分的修行，藉由靜坐的身體親身體驗，方能做到。我們的心不被特定形象或聲音影響，覺察周圍所有環境都是自己的存在。

先察覺，就可以調節

渴求某件事物，不希望自己離開它就是「執著」。執著又稱為欲望、渴望，人類相信只要得到某件事物，就能為自己帶來滿足感、愉悅、好心情、快感，因此執著不放手。其實打從一開始，這種想法，或者說前提就是錯的，執著才會造成問題。

欲望總有天會被滿足的想法是一種幻想。欲望只會帶來更多欲望，絕不會帶來滿足。當然，只要我們還活著，就不可能完全沒有欲望。

然而，我們可以即時發覺自己究竟想拉住的是什麼，這會帶來什麼樣的想法、情緒或行為。能夠察覺，就可以調節。要是各位也為自己的執著所苦，可以照以下順序觀察看看：

①回想自己過去執著的經驗。當你執著於某件事物，使自己充滿不現實的期待、情緒亢奮，腦海中充滿幻想及妄想……結果我們有因此變幸福嗎？那時得到什麼了嗎？執著的結果，最後通常演變為失望、挫折、絕望。執著一直以來總是演變成不滿足與不幸，絕對無法帶領我們到滿足或幸福。所以現在我們該對自己誠實一點，去看看執著背後掩飾的真實。

②創造一個瞬間與下個瞬間之間的縫隙。若你過度執著於某種行為，比如：遊戲、音樂、購物、吃東西，那你可以在不小心引發那個行為以前稍微停下來，打開一個縫隙。先數五秒，吐一個長一點的氣。然後盡可能生動回想過去當自己做完那個行為後，會感覺到什麼狀態。

與欲望或衝動相關的行為，我們通常會感覺那是非常自動發生的。被強烈情緒牽著走，做出具有破壞性的行為也差不多；我們會在「不知不覺」情況下做出那個行為，等自己回過神才發現自己又做了同樣的事。了解並理解自己反覆做出這些行為的原因很重要，不過，更有效果的方式是製造「縫隙」。我們要在這些「看似」自動演變的一連串行為中，刻意製造縫隙，削弱它們自動完成的特性。在那個縫隙中，我們能夠再次獲得覺察的機會；下次，你可以先問問自己：「非得這麼做嗎？」、「有沒有更好的行為？」

③**冥想死亡也是一種很有幫助的方式**。我們隨時都可能死亡，我們現在也正在老去、正在生病，邁向死亡的方向；只是因為這一切進行得緩慢，我們無法察覺。倘若我們明天就會死，還會執著於這個對象或行為嗎？如果我執著於一個人，那與自己擁有的物品、財產或其他喜歡的東西相比，這個人更重要嗎？臨死之前的自己，會是什麼樣子？

生氣來自不平等的認知

動不動就生氣，無法控制情緒的人，有些是神經傳導物質或賀爾蒙出現異常，也有些人是成長於壓抑的環境，從小被禁止感受或表達自己情緒，因此將那些讓自己心裡不舒服的事情全都用「生氣」來呈現。「生氣」讓人感覺相對不那麼羞恥，是最容易在人前表達的一種情緒。悲傷時生氣，甚至焦慮不安時也生氣。

另一方面，當我們生氣時，身體裡的睪固酮濃度會提高，這種賀爾蒙會提升我們身體的疼痛閾值，使我們比較不容易感受到疼痛[18]。也就是說，憤怒能暫時發揮舒緩痛苦的效果。當然，這個效果是無法持續維持的，且無論是什麼，太過頭總是容易招致其他部分失衡，引起更多症狀。

生氣與執著相反，執著不希望脫離某件事物或某個人，而生氣是希望分離的態度，也抱有希望傷害對方的心態。我們的怒火大抵朝向他人，但有時也會面向自己，或面向物品。生氣的情況非常多樣，可能有人喝茶時發出呼嚕呼嚕的聲音，令你覺得很煩；可能是有些人殺死人或欺負他人，令你打從心底生出強烈的憎惡。生氣其實與執著有關，**當我們的執著遭受挫折，接下來就是生氣**。

生氣與忍耐、耐性、慈悲或愛站在完全相反的位置。它來自於錯誤認知、無知，反而讓我們因自己的言行舉止受害。

生氣不好，人人都知道。可即便如此，要控制生不生氣，實在不簡單，當然，也因為我們通常很難察覺。

我在此向大家分享一件很久以前聽來的故事。一位修行數年的僧侶，認為自己現在差不多已經悟道，可以下山了，於是步出深山。他在回家的路上經過市集，長期待在幽靜山中，一下到吵吵鬧鬧的村落，自然被吵得頭痛。時值熱天，他非常想趕緊回家，卻因為人來人往，步伐不得不放慢。僧侶的心裡逐漸煩躁起來，然而這時，一位路人不小心踩到了僧侶的腳。僧侶痛得大喊一聲，火冒三丈的僧侶滿臉漲紅，惡狠狠地瞪了那位路人。當下僧侶領悟了一個道理，於是轉頭改道，重新上山。

以前有人曾說，生氣一次，等於毀掉數年、數十年的行善與修行，因此我們必須十分注意怒火，好好控制它。若你平時也經常生氣，請好好研讀以下內容。

①生氣通常來自於認為自己「不該被這樣對待」，想著對方怎麼能如此對待自己的心態，也就是「我是受害者」、「我吃虧了」的想法。要是這件事情是自己自作自受，那我們的心就不需要生氣，也不用埋怨。

所有事情都是互相連結的，我們不可能與事情毫無關聯，就算沒有直接影響，也可能間接造成作用，只是我們並不知道自己造成的部分，才會生氣。所以，當自己似乎又要開始生氣，可以先想想**有沒有哪些部分是自己造成的？自己是否沒看到哪一面？**這樣做有助於控制我們的怒火。

②面對讓自己生氣，或讓自己不好受的人的另一道方法，就是換個立場想。**究竟**

是什麼讓他這麼做？他幸福嗎？開心嗎？他是不是很淒慘，或很痛苦呢？

假如對方持續這樣下去，會有什麼結果？未來他會碰到更多困難與痛苦，還是會越來越滿足，過著幸福人生呢？若真能理解對方的痛苦與混亂，我們就比較不會用憤怒的方式去對應這樣的事件。

③另一方面，**他人其實也反映了我們的弱點**。倘若他人的言行舉止、態度中有你極為討厭、令你煩躁無比、看不順眼的東西，我們有必要深入確切了解。那個東西可能是你長久以來一直壓抑的，也可能是你的一部分，而你卻完全無法接受的東西。

越是自己看不順眼、覺得不舒服的東西，越可能蘊含著與自己相關的眾多資訊。所以更需要用心觀察，仔細評估。這麼一來我們將會與自己達成和諧的狀態，也能接受他人原始的樣貌。

④當怒火無法遏止，也可以試試冥想死亡。死亡隨時都可能不經預告找上我們，倘若今天我們還身處於無法解決的憤怒與煩躁中，然後就以這個狀態死亡，會怎樣？也可以換成想像自己現在討厭、憤怒的對象，今天突然死亡——如果這個人突然死

亡，我會有什麼感覺？**我會覺得平靜嗎？**會覺得惋惜或後悔嗎？

若有人讓你難受，就試著將那個人與自己的經驗分離吧！我們體驗的憤怒已經有悠久的歷史，並不是因為「那個人」產生的，通常是在那之前，已經伴隨自己很久的怒火。就算對方死了，也無法解決憤怒的情緒。

⑤有時憤怒的情緒過於龐大，讓我們無法靜坐下來冥想。這時我們得**找出抑制能量的方法**，不讓那股能量用言語或行為方式傷害自己或他人。我們可以散散步、做個運動，也可以洗個澡，又或者是做菜或打掃，這些都是很有幫助的方式。等心靈稍微平靜下來後，再重新靜坐。

憂鬱：只是存在於我的一部分

憂鬱的型態相當廣泛。有相對短期的憂鬱，比如經歷與重要的人分離、失落感、失業或生病，也有源自於遺傳，屬於生理學原因的長期憂鬱。長期憂鬱的患者務必進行心理治療，甚至是藥物治療，不過冥想也能帶來一點幫助，因此可以同步進行。嘗試的方法如下：

①憂鬱通常與反覆批判自己的想法有關，比如：「我真沒用」、「沒有人關心我」、「我就是魯蛇」、「我根本沒有存在的價值」、「我沒有一件事做得好」、「我一天到晚給人家造成麻煩，一點用都沒有」。我們要覺察到，**這些想法與情緒並**

不等於我，它們只是存在於我內在的一部分。

想像自己是一片廣闊天空，出現的這些想法是一片片的雲朵。雲朵無法完全蓋住天空，也無法待在原地保持不動。雲是暫時的，雲只是一部分。即便我們現在覺得那片烏雲龐大無比，好像永遠不會消失，也絕對不是這麼一回事。那些雲會隨著時間變化，總有一天會漂走。即使我們憂鬱，也總會有開心的時刻；即使我們難過，也會有微笑的時刻。

我們的心不過是不停地體驗各式各樣的東西，無論好與壞，總是出現了又消失，從未有東西能絕對落地生根。那些體驗就如同天上的浮雲，請試著冥想，看究竟哪個是天空，哪個是浮雲。

②有助於保持開放心胸的**「自他交換」冥想**：若你有最討厭自己的部分、弱點或缺點、讓自己不好過的情緒或想法，就去觀照這件事吧！接下來，深深吸一口氣，也將這些部分深深帶進來。我們順從地接納這些事情，當作是自己的一部分。無論是自己的痛苦，或他人的痛苦皆無妨。慢慢藉由吸氣的方式接納，我們也會改變，變得不

需要那麼努力去擺脫或消除那些事情。

③除了自他交換法外，將光線視覺化的冥想方式也很有幫助。閉上眼睛吸氣的同時，關照自己內在慢慢發光的樣子。彷彿泉水湧出地面，我們的內在也慢慢湧現光芒，照顧我的痛處，讓光線溫暖照拂痛處。

別想著克服，是理解

我會對那些認為自己內在有奇怪的東西，認為自己潛意識中有一些匱乏或障礙，導致心理出現問題的人這麼說：「沒有這回事，我們的內在並沒有足以隱藏一切祕密的暗黑潘朵拉箱子。越往內在走進去，不會跑出什麼非常奇怪的東西，反而更能看到一層一層更真實的面貌。以我們每分每秒體驗的事物當作繩索，持續深入內在，會走到一個地面。那裡有一個巨大的『天空』，在我們最底層的，只有一個能融合所有東西的巨大空間，只有一片寬廣的天空，而那就是我們自己『真正的心』。」

心理諮商或冥想並不是為了改掉自己的弱點或缺點，成為一個更好的人——我們根本無法變成別人，這種想法本身也不對。**越是刻意模仿他人**，以為自己必須像某人一樣，成為什麼樣的人，只是讓自己去和對方作比較，替自己打分數，顯得自己更顯淒涼而已。

這只會讓自己離自己越來越遠。如同雙腳離地，漂浮在空中，不知如何是好。所以我經常說，我們必須注意那些談「克服」的寓言故事。市面上也有許多名為心理學的書籍，實際上談的卻是如何激勵自己的技術。讀了太多這類書籍的人，總是努力想克服自己的限制；他們認為自己知道問題在哪裡，卻不知如何改進。他們認為自己無法控制，讓自己照畫好的藍圖走，最後怪自己、指責自己，甚至貶低自己。明明自己長的就是三角形，卻一味認為自己必須變成四方形才帥、才是成功的人生，於是費盡心思想成為四方形。

然而當我與他們一起探索，事實將會告訴我們，他們根本也不是「三角形」，所以很多時候，我也不需要說明「三角形無法成為四方形，也沒必要成為四方形」的道理。為什麼呢？因為他們本來就不是三角形了。許多人對自己所處狀況的前提及診斷根本就是錯的。

對自己下了錯誤的診斷，努力消除根本不存在的問題，該有多辛苦啊！這就彷彿在一間漆黑的房間裡尋找一隻黑貓一樣，再困難不過了。甚至今天那個房間裡根本沒有貓，就是難上加難了。

困難、喜悅——都展開雙臂

許多人期待進行冥想以後心情會變好，會充滿幸福的感覺。也有人以為冥想以後就會擁有堅強心智，無論碰上什麼事，都不再受任何影響，能堅定志向。倘若你也有這些期待，那很可能要不了幾天，就會覺得根本沒有效果，是不是自己不懂冥想，就此放棄。冥想並不是控制心靈，更不是什麼神奇的心靈訓練，能讓自己能感覺不到不舒服的情緒，完美控制自己的技術。

冥想是練習讓自己無論感到舒適或愉快，還是不適或悲傷，都能**像一片廣闊的天空般容納並停留其中**。別貼上喜歡／討厭、對／不對的標籤，無論發生什麼事，我們就是在與自己共處。

人們會很本能、習慣地抓住喜歡的事物，迴避討厭的事物，對吧？冥想是消除抓住與迴避，放它們自由進出。當我們不急著抓住或逃避時，就會發現：**只要自己不做出反應，所有的刺激其實都只是來來去去而已**。

對於那些抱著「想要感到幸福」的心態來冥想的人，面對讓人不舒服或難受的感受時，往往特別難以承受。而一旦忍耐了，又很容易產生「應該要有所回報」的期待。真正坐下來冥想時，可能會覺得腿麻、腰痛，頭也沉重又悶，漸漸覺得無聊或昏昏欲睡，心裡冒出「我為什麼要冥想？」、「什麼時候才能順利一點？」這類焦躁的念頭。

結果，冥想往往變成和最初所期待的幸福感、滿足感、平常心或深刻喜悅相距甚遠的經驗。因此，在開始冥想之前，先正確理解它的意義非常重要。

冥想並不是帶來幸福感的魔法工具，而是幫助我們打開心胸，去接納生命裡的喜悅與艱難。冥想是讓我們保持原樣，安靜地待在各種經驗發生的當下，不管我們喜不喜歡，都能和自己好好相處。從長遠來看，這會培養出更多對自己的耐心與溫柔。

第九章

全心將自己拋出去

「一道浪潮，會帶起千重浪花。
心中剎那生起的念頭，也能翻湧出無數的風景。」[19]

——瑩山紹瑾（日本禪宗大師）

第四階段：靜靜地發光

進入到第四階段時，我們身體的感覺已經消失，已經算是默照禪*的入門修行，每次進行四十分鐘至一小時左右。

「假設你還期待或執著於某個東西上，那就不是冥想。你已經覺察了周遭環境，接下來就是讓它們與自己的身體一起靜坐。我們不去思考，只是靜坐，這是冥想『空性』最直接的方法。心靈越寧靜，越和緩，你的冥想將越能放鬆舒緩，達到身體感覺消失的境界。達到這一點，你就入門『默照修行』了。默，代表擺脫思考過去、現在、未來；照，代表脫離所有執著，一切變得清楚。」[20]

進入第四階段後，我們將進入真正的冥想。靜靜坐下，將注意力放在靜坐的整個身體上。我們非常清楚自己現在坐在這裡，這就是「照」。心靈不受痛、痠、麻等感覺影響，不對特定事物產生反應，這就是「默」。我們去覺察，但寧靜——這兩件事就是靜坐，或說默照禪的修行。默照，亦即寧靜照耀。

像這樣完全放下後再坐禪，**所有發生的事情就會變得像我們人生的背景，這是事物最根本的樣貌**。在中國叫做「禪」，在日文念為「Zen」、韓文「Sun」、梵語「dhyana」。僧侶們也曾說是「高闊的天空，不會阻攔流動的浮雲」。

寧靜照耀（默照）是將所有事情交給坐禪的姿勢，我們不需要努力尋找解決方式，告訴自己該這樣做或該那樣做，只要讓所有發生的事情順其自然，只要坐下來就好，這就是所謂的「只管打坐」。當我們抱持這樣的態度坐禪，那些希望藉由坐禪獲得領悟，或改善自己心靈等，希望滿足人為幻想的目的，從此以後再也不存在。

我們在前面探討過第一階段——舒緩，第二階段——身心合一，第三階段——讓

＊編按：禪宗術語，在日本又稱「只管打坐」。

自己與周遭環境合而為一。這套階段的劃分，是出自於聖嚴禪師將「曹洞宗默照禪」修行方式整理為三階段的方法，在此整理成適合新手的版本。

根據聖嚴禪師的方法，「舒緩」屬於預備階段，第一階段是身心合一的體驗，第二階段則是與環境合而為一的體驗，而第三階段是廣大無界的體驗。抵達最終階段的我們，將能明確覺察所有微小的分子，卻不會被牽著走或影響。這套方法可以讓思緒紊亂的心靈回復到原先樣貌，也就是整合為一體。

當然，這些步驟說明僅是為了讓初次接觸冥想的人能輕易理解而寫的，實際上並沒有那麼生硬，也不是一定得走到第四階段。重點在於必須進行充分的舒緩，才能進入下一階段，以及必須以「靜坐的身體整體感覺」為基準，進行身心合而為一，再來是身心與環境合為一體，恢復成本來的一體。

實際執行時可以只進行第一階段的舒緩，也可以只進行第一階段與第二階段的修行，即使未進入第四階段，依然是很不錯的冥想體驗。

真正的冥想是放手

「我們無法創造出真正的原始狀態。那麼，我們該做什麼呢？我們應該停止創造。此時此刻，我們對自己的所有感受，其實都是自己所造出來的產物。」[21]

——傑佛瑞．書根．阿諾德（Geoffrey Shugen Arnold，美國禪宗住持）

不是盤起腿、靜坐不動，就叫做冥想。吸氣、吐氣，再重新吸氣、吐氣……乍看之下似乎專注於呼吸上，但有很多人並不是在冥想。有人靜坐的同時，在心裡喊出一些咒語，比如：我很厲害、我一定做得到、沒有什麼可以傷害我……替心上一層保護漆，但那並不是冥想，那是催眠。

冥想並不是將心靈帶往特定方向，也不是努力填滿正面想法，**冥想是「放手」**。**不是讓心門關上，也不是轉移注意力，反而是「敞開大門」**。

決定何謂好的、理想的標準，決定自己想要的東西後，想驅使心靈，讓自己的注意力只放在那些事物上，需要相當大的能量。即使臉上堆了再多笑容，擺出再得意的表情，想要持續驅使心靈，絕非易事。催眠的效果並不會持續太久。有許多人明明是對自己催眠，卻說自己冥想不順利、沒什麼效果。決定好想要的結果，驅使心靈往那個方向努力並不是催眠，那頂多能說是心靈控制或注意力訓練。

當然，在如今難以集中注意力的時代環境下，訓練注意力也有其意義。我們當然可以為了課業成績更優良，為了讓自己思考更清晰，讓自己工作更順利進行注意力訓練。只是專注本身並不是全然的好事，也有些專注是有害於我們的。比如具有強迫性的思考或行為，就是一種有害的專注。籌畫犯罪的人為了向他人報仇或做壞事，他們同樣也非常專注，縝密計畫犯罪。

因此，專注究竟是有益或有害，取決於專注在「什麼」上，也就是專注的對象為何。當我的內在湧上不舒服的感覺，所以去專注於現實並思考：「現在這是什麼樣的體驗？」就是一種有益的專注。但當我心裡想的是：「現在是因為『誰』而產生這種不舒服的感覺？」、「啊，原來就是因為那個人說了這種話的關係！」馬上將他人當作專注的對象，腦海中充滿各種對他的指責，那就是有害的專注了。那只是為了讓自己逃離「不舒服感覺」的現實，利用了專注罷了。

理想的專心

冥想也是同樣道理。倘若是因為覺得自己現實中感受的東西太可怕了、太討厭了，為了想脫離這個現實到別的地方而利用冥想的專注，那就是假的。你可能會覺得自己像真的被催眠似的，當下心靈變得平靜，但長期來看，這個做法沒有幫助。若想朝有益的方向培養專注力，我們反而更需要**靠近自己想避開的對象**。若現實中有明顯的痛苦或不適感，我們更應該擁抱它，將它帶到內在，那才是真正的冥想與修行。

那麼接下來，我們就更進一步探討該如何選擇專注對象吧！首先來看看強迫症或中毒成癮。我們稱之為強迫的症狀，通常代表執著在自己也不希望的事情，或有害、毫無幫助的事情上，並且無限反覆。成癮的症狀也大致相同，一開始是自願，後來逐漸期待更高強度的快感，因此提升該行為的頻率或強度，最後到達明明一點也不開心、不喜歡，甚至覺得有點厭惡、不舒服，還是會去做。

發現共同點了嗎？**強迫與成癮都是專注在「不想要的對象」上**。

為什麼我們會專注在不想要的東西上？走到這一步之前，當然有各式各樣的因素參雜在裡頭，但起始點都有「希望迴避某件事」的心態。「某件事」究竟是什麼？可能是緩緩蔓延到全身的焦慮，可能是感覺自己會被疏遠的恐懼、會被拋棄的畏懼，也可能是感覺自己似乎一無是處，成為其他人拖油瓶的羞恥心、侮辱感、自卑感、氣憤、憤怒，甚至是覺得自己好像什麼也做不了的無力感等各種情緒。

某件事，自然也可能是身體感受到一股茫然的不適感、壓迫感、喘不過氣、痛得無法忍受的感覺、刺痛感或彷彿暈車一樣的感受。因為我們無法確定那究竟是什麼，所以耗費更多精力在迴避、逃跑上。我們就像在夜黑風高的路上被身分不明的怪人追逐一樣，根本不清楚是什麼，但還是先選擇躲避。這種傾向人人都有，但每個人的程度或狀態差距甚大。

如果能清楚地察覺到：「啊，原來我一直抓著B，是為了不要去感受A，是為了逃避A這個經驗啊！」那麼這個強迫或成癮的行為（B）通常會大幅減少。

如果只是隱約感覺到，卻沒有深刻、精確地理解，就可能會一邊繼續B的行為，一邊稍微注意著A的存在而已。但若能進一步下定決心，真正去直視A，B的強度和頻率往往會出人意料地降低。

透過冥想等修行方法，深入進入A的經驗，待在裡面、與之同在並完全接納它，那麼B這個行為就會變得不再必要，最終消失。當然，聽起來簡單，實際做起來並不容易。

因為B的行為已經重複了很長時間，早已在我們的神經系統和獎勵系統裡留下了痕跡。身體的平衡被嚴重破壞，要一下子完全戒掉這樣的習慣很困難。即便如此，只要不斷嘗試去接觸A的經驗，真實地面對並停留其中，B的力量就會慢慢削弱，最終凋零消失。無論是思想、語言還是行動，要捨棄那些熟悉卻有害的模式，換成有益的模式，都需要充分的時間。

只管打坐：目標成癮的解方

你是否也曾經有過這樣的經驗：雖然全心投入、完全融入在某件事上，但心卻沒有封閉起來，反而對周遭的一切都保持敞開與覺察？

有一次，我到京都一間古老寺廟參訪。一位僧侶拿著掃帚，從寺廟入口沿著步道清掃地上落葉。從遠方看，彷彿是裝在機械上的掃帚往左右揮舞，聲音的規律程度相當驚人。掃帚掃過的地方維持相同間隔的弧形，每一個步伐都精確無比，並以一致的角度向前移動。僧侶的打掃方式，讓我不自覺看得出神。他的動作精確規律，但妙的是卻給人一股非常溫暖的感覺。我想如果主動向僧侶搭話，他應該會樂意回答，所以大方向前打招呼。

「不好意思，我比預定時間早到，請問現在可以進去嗎？」

果不其然，僧侶彷彿正在等我問話，露出開朗笑容回答我：「啊，您提早五分鐘到了，很不好意思，要麻煩您在入口稍等一下。」

僧侶若無其事地再次拿起掃帚打掃。恢復同樣姿勢的僧侶繼續畫著同樣的弧度，一步一步邁向前。彷彿世界上只剩下掃地這件事具有價值，我感覺他是全心全意在打掃。當下甚至讓我產生錯覺，分不清稍早前親切回話的人和他是否為同一人，不知道剛剛的場景是不是自己想像出來的。

他掃完地，走回入口的時間正好是整點。寺廟開放給參拜民眾的時間是上午九點，他帶著開朗的神情打開門，一點不見剛剛還在費力清掃的神情。這件事距離現在至少十年了，我仍經常想起。我想，「只管打坐」的精神應該就刻畫在他的身體裡了吧？所謂「只管打坐」，就是「只要坐下來」的意思。

坐禪時我們不帶著任何期待或目標，就只是坐下來。「目標成癮」的我們，若沒辦法說出自己為什麼做這件事，常常會認為自己好像做錯了，好像在浪費時間。接下來無論自己在做什麼，都很難專心在那件事情上，並會開始計算、比較、期待，心裡千頭萬緒，心想：「這樣做對嗎？」、「現在做的是對的嗎？」、「這樣算是順利嗎？」心煩意亂的同時，我們就會錯過這個行為深邃的滋味及香氣。

坐禪為什麼好、怎麼樣好，其實根本不需要說明。聽再多說明，沒有坐禪過的人就是不懂，只有做過的人才能明白。我們為什麼需要坐禪？或許答案就藏在「只管打坐」這四個字裡。

車窗外的風景

我們腦中有兩種想法：一種是我自己引起的，一種是自然而然冒出來的。心理學上分別稱為「有意識的」（conscious）與「無意識的」（unconscious）。無意識是什麼呢？這個詞最早由達爾文（Charles Darwin）和佛洛伊德使用。研究無意識而廣為人知的心理學家約翰・巴奇（John Bargh）有個說法[22]：原先「無意識的」這個詞，不是指「我完全不知道、沒察覺」的領域，而是「我沒有打算卻發生的行為（unintentional actions）」的意思。

換句話說，「無意識中吐出的話」，相較於「不知不覺的情況下吐出那句話」或「我也不知道為什麼自己說了那句話」，其實它的意思更接近「我並不打算這樣講，但那句話卻自己吐了出來」。

就算我們不打算這樣做，還是會產生想法。就像身體裡各種腺體會不停分泌賀爾蒙，我們的大腦也在持續分泌出想法。我們的心中總是漂浮一些想法的碎片，就像空中飄浮的塵埃一樣。有時會被不喜歡的想法困擾；有時我們也不清楚自己陷入什麼樣的想法，後知後覺時還會為此大吃一驚。

像這種情況，面對這些「不是我有意思考、而是自己冒出來」的念頭時，我們該怎麼辦呢？

藏傳佛教上師頂果欽哲（Dilgo Khyentse）仁波切曾說過一段話，裡頭有完整的答案：「旅人搭乘火車，途經城市與鄉村時，窗外的風景不使火車的速度減緩，火車也不影響窗外風景。火車與風景彼此不會互相妨礙，這就是我們在冥想時看待念頭的方法。」[23]

試著想像一趟火車之旅吧！車窗外有美麗的風景，可能是山頂積雪，可能是茂密的樹林或樹木，又或者是嫻靜的小鄉村風景映入眼簾。但窗外的風景會影響火車的速度嗎？窗外越多白雲，火車會走得越慢嗎？當然不會。

風景絕對不影響火車，火車也只是走它該走的路；火車並不會穿過白雲，也不會弄倒那些遠方的樹木。風景不妨礙火車，火車也不妨礙風景。當我們在冥想時，心裡冒出的各種念頭，就像窗外掠過的風景，而我們的心就像火車的玻璃窗。

每日修行——全心將自己拋出去

「人的心並沒有固定的形態。它只是當你做某件事時才會顯現出來的『存在狀態』。這種暫時的存在狀態與所有活著的生命相互依存，因此不停地流動、變化。心理學對心的描述之所以這麼複雜，正是因為這個原因。」[24]

如同片桐大忍禪師所說，意識僅存在於「動」之中，心也不被固定在意識之上，自我則並非單獨存在。因此若想了解自己，就必須靜下來好好觀察這種「流動」。

舉例來說，呼吸也是同樣道理。我們必須**將自己的身心配合呼吸的節奏**。若我們開始想控制呼吸，就變成將「我」與「我的呼吸」分開來看了。本來是同一件事的東西，現在卻變成兩件事。所以我們不要去判斷自己的呼吸如何，就是持續保持呼吸即可。那裡沒有主體，也沒有額外的行為，有的只是生命的能量，無盡的流動。

心就是不停地流動，並沒有其他可以抓住的固定形體，所以我們將心稱之為「空性」。那也是沒有二元對立、沒有差別，充滿圓融和平的廣大空間。我們開始「思考」之前，生命早已在那裡。

所以，要認識生命的真相，唯一需要的就是：**完全存在於此時此地。**

我們日常生活中的每一個動作，都是偉大的修行契機。每個瞬間，我們都能和它融為一體。走路的時候就成為「走路」本身，吃飯的時候就成為「吃飯」本身。打掃的時候和打掃合而為一，對話時就和對話合而為一。如此一來，就會減少許多在「自己」與「不是自己」的事物間煩惱糾結的情況。

每一刻，全心全意參與那些來來去去的東西，那些生出來了，又就此打住的東西——如此一來，「我」的概念將會逐漸鬆脫。這就是在忘卻自我中心，忘卻自我。若想真正正向地活著，就必須不期待任何結果而正面地去做。無論我們做什麼，都不要去預想，只要全心將自己拋出去，就是修行。

後記　讓心恢復無限寬廣，溫柔接住想太多的你

前幾天晚上，我在咖啡廳等女兒，同時處理工作。那是一間很大的咖啡館，但幾乎客滿，好不容易才找到一個空位。打開筆電開始工作時，我突然感覺到冷氣風很冷。即使把外套穿上，還是覺得冷，於是我走到櫃臺請店員幫忙。忙著處理眾多餐點的員工只是撇了一下，問是哪一個位子，隨後便表示知道了。

然而，過了五分鐘、十分鐘後，冷氣風依然吹得書本啪啪作響。我再次走向櫃臺，這次沒看到員工。看起來他們似乎在簾子後準備材料。面對數十名客人的員工，彷彿在一座與世隔絕的叢林孤軍奮鬥，一個人製作飲料、拿出麵包擺盤，緊接著又走到流理臺，清洗堆積如山的杯子及碗盤。我看到流理臺旁邊的牆上就有調節冷氣的數十個按鈕。只要店員允許，我很想悄悄進去關上電源。店員又瞅了我一眼，不發一語

繼續洗他的碗盤。用全身表達「沒看見我正在忙嗎？」的意思，我也只是覺得他很可憐，然後走回位置。

過了一、兩個小時後，他依舊非常忙碌，看起來他也完全將關掉冷氣電源的事忘得一乾二淨。我專心工作了三個小時左右，也暫時忘了冷氣的事情，最後剛好發現空位，換了位子。我在吹不到冷氣的地方繼續工作一個小時左右以後，離開咖啡廳。

如果當時我一直執著於「冷氣一定要關掉不可」這個想法，大概早就覺得很不開心了，也會因此無法專注於工作。要是再多糾結一下，我可能會想：「明明就可以順手按下牆上的按鈕再去做其他事情，他現在是故意不做的嗎？那個人是不是看不起我？好啊！我就要給你好看！」然後大發雷霆。

我之所以沒有覺得不開心，是因為看見那名員工獨自應對數十名客人，覺得他很可憐的心情遠大於冷氣帶給我的不適感。然而更重要的理由，是我平時就常提醒自己：「**世界上很多事並不是我能掌控的。**」

我們通常會把「生命」的反面想成「死亡」，把身體的死亡視為一切的終點，所以對身體的不利變化特別敏感。凡是對身體有威脅、不舒服、不愉快的刺激，就會很自然地想趕快擺脫。尤其是精神官能症狀程度較嚴重，或焦慮指數高的人，更容易將這種不舒服的感覺放大，覺得好像必須馬上解決這個問題，同時注意力範圍也會縮小，忘記其他人也可能有各自的立場。

在這種狀態下，**人會因為自己的感受、疼痛、不適、不滿而完全失去同理或換位思考的空間**。這種狹窄的視野，會強化自己的中心性，**反覆製造想法、解讀、憤怒**。結果往往就會脫離實際情況，說出攻擊性言語，甚至做出過激行為。

其實所有強烈的情緒裡面，幾乎都含有兩個要素：一是自我中心，二是生存本能。這兩個像是便宜好用的馬達，不需要我們努力就會自動運轉。它們不太消耗「認知資源」，就算平常一直在用也沒什麼不適，反而覺得理所當然。但也因為太過自動化，往往容易失控，變成錯誤反應。

自我中心及生存本能過度運轉時，反而更有可能做出傷害自己的想法及言行舉止。情緒障礙、強迫症、恐慌症等多種問題都與此種現象有關。有很多治療方法可以處理這些問題，但最根本的辦法，可能是直接去「看清楚」推動這些病理的馬達本身——也就是自我中心與生存本能。

要能從根本上檢視「自我中心裡面預設的那個『我』是什麼？」以及「生存本能裡隱含的『生與死』的假設是什麼？」究竟「我」是什麼，為什麼我們要耗費那麼大的精力去守護呢？

因為想太多、情緒太豐富而苦的人，常懷疑自己是不是自己「本質上」有什麼問題，又或者過去的事情、經驗或狀況是不是持續帶給自己負面影響。於是人們進行性格檢測與諮商，並閱讀相關書籍，試圖找出問題的原因，試著找到一個合理的解釋，讓自己能把問題「整理成一個故事」。

但奇怪的是，整理完之後仍然出現了其他問題。他們又會想：「難道還有其他問題嗎？」為了重新了解問題所在，他們又找出其他原因，將它們串聯在一起。結果呢？諷刺的是，這次他們又發現了其他問題。為什麼會這樣？因為找出原因，為自己貼上一個看似像樣的心理學標籤，也不代表自己的行為會有所不同，生命的品質也不會因此改善。

知道，不代表變化。有時候知道很有幫助，但也可能跟真正的轉變毫無關聯。那我們真的有辦法改變嗎？首先，我們得先了解自己往哪個方向偏了。我們得察覺自己何時會情緒激動？什麼時候感覺無力、低潮？

先抱持關心的態度去觀察自己的反應。藉由修行好好觀察自己每分每秒的體驗及反應，就能發現自己的一些縫隙。那些縫隙就像是死亡與生命交錯的「空性」——**因為它什麼也不是，所以也可能成為任何一件事物**。

我們在當下，選擇專注於哪種感受、哪個念頭，就會說出不同的話、做出不同的行為。也就是說，我們其實是在每一刻都死去、又在每一刻重生。像這樣無數的生與死，會深深影響到當我們的身體最終真正迎接死亡時，將看到什麼樣的景色。

例如，兒時經歷嚴重恐慌症的西藏僧侶明就仁波切（Yongey Mingyur），就曾經選擇了一種逆著人類對安全與穩定的本能追求，主動把自己投入劇烈變化的方式：他踏上了「行腳僧」的修行旅程。他在路邊入眠，乞討食物解決飢餓，用相當極端的方法試圖殺死過去的自己、殺死自己熟悉的模式。明就仁波切在著書《歸零，遇見真實》（*In Love with the World: A Monk's Journey Through the Bardos of Living and Dying*）中詳述了自己的經驗及原理，告訴我們如何每分每秒積極殺死自己，讓自己重新誕生。

對那些因為「我的想法、我的感受、我的渴望、我的形象」而受苦的人來說，他們最需要的就是「死亡」。很諷刺吧？他們需要的是自我的死亡、執著的死亡、觀念的死亡。

心本來就沒有固定的性質。我們平常說的「我的心理是這樣」、「那個人的心理是那樣」這些說法，都只是根據看到的冰山一角貼上的標籤。不要用什麼「因為我個性這樣」、「因為我童年有創傷」、「因為我的依附關係有問題」這類評價或診斷就把自己完全定型、封死。

試著直接去感受那無限廣闊的心。

看見那個縫隙，並在那裡暫停。

不要急著改變你的想法或情緒，只要先停下來，靜靜待在那裡。

只要試過一次，就能再試第二次、第三次。

若能具體覺察自己存在於空性的時刻，就會發現：世上沒有什麼事能真的影響自己了。

注釋

1) Morita, S. (1928/1998) Morita therapy and true nature of anxiety-based disorders (shinkeishitsu). (Kondo, A., Levine, P. Albany, Trans.). State University of New York

2) 족첸 폰롭. (2006). 티벳 死者의 여행 안내서 (최람, 이균형 역). 정신세계사, p. 367.

3) Aldao, A., Nolen-Hoeksema, S., & Schweizer, S. (2010). Emotion-regulation strategies across psychopathology: A meta-analytic review. Clinical psychology rveiew, 30(2), 217-237.

4) Katagiri, D. (2017). The Light that Shines through Infinity written. Shambhala Publications. Editor's preface.

5) Katagiri, D. (2017). The Light that Shines through Infinity. Shambhala Publications, p.31.

6) Katagiri, D. (2017). The Light that Shines through Infinity. Shambhala Publications, p.165.

7) Loori, J. D. (Ed.). (2004). The art of just sitting: essential writings on the Zen practice of Shikantaza. Wisdom Publications. p.84.

8) Benjamin, W., & Zohn, H. (1963). The story-teller: Reflections on the works of Nicolai Leskov. Chicago Review, 16(1), 80-101.

9) Yeats, W. B. (1961). The philosophy of Shelley's poetry. Essays and introductions, 65-95.

10) Okumura, S. (1999). To study the self. Soto Zen Journal, 5, 14-19.

11) Riva, F., Triscoli, C., Lamm, C., Carnaghi, A., & Silani, G. (2016). Emotional egocentricity bias across the life-span. Frontiers in aging neuroscience, 8, 74.

12) Leighton, T. D., & Wu, Y. (2000). Cultivating the empty field: The silent illumination of Zen master Hongzhi. Tuttle Publishing, p.24.

13) Nishijima, G. W., & Cross, C. (2008). Shobogenzo: The True Dharma-

Eye Treasury, Volume 3. Berkeley: BDK America, p.309.

14) Loori, J. D. (Ed.). (2004). The art of just sitting: essential writings on the Zen practice of Shikantaza. Wisdom Publications, p.150.

15) Suzuki, S. (2003). Not always so: Practicing the true spirit of Zen. HarperOne, p.144.

16) Katagiri, D. (2017). The Light that Shines through Infinity. Shambhala Publications. p.38.

17) Chödrön, P. (2013). How to meditate: A practical guide to making friends with your mind. Sounds True, p.151.

18) Peterson, C. K., & Harmon-Jones, E. (2012). Anger and testosterone: Evidence that situationallyinduced anger relates to situationally-induced testosterone. Emotion, 12(5), 899-902; Fischer, L., Clemente, J. T., & Tambeli, C. H. (2007). The protective role of testosterone in the development of temporomandibular joint pain. The Journal of Pain, 8(5), 437-442.

19) Loori, J. D. (Ed.). (2004). The art of just sitting: essential writings on the Zen practice of Shikantaza. Wisdom Publications, p.42.

20) Yen, S. (2008). The method of no-method: The Chan practice of silent illumination. Shambhala Publications, p.26.

21) Loori, J. D. (Ed.). (2004). The art of just sitting: essential writings on the Zen practice of Shikantaza. Wisdom Publications, p.173.

22) Bargh, J. A., & Morsella, E. (2008). The Unconscious Mind. Perspectives on psychological science : a journal of the Association for Psychological Science, 3(1), 73–79.

23) Khyentse, D., & Sangye, P. (2006). The hundred verses of advice: From Padamva Sangye to the people of Tingri. Shechen Publications, p.76.

24) Katagiri, D. (2017). The Light that Shines through Infinity. Shambhala Publications, p.123.

國家圖書館出版品預行編目（CIP）資料

致想太多的你：逃離腦內劇本、終結內耗循環，韓國心理學博士教你不再被「思維牢籠」困住人生！／邊池盈著；郭佳樺譯 . -- 初版 . -- 新北市：方舟文化，遠足文化事業股份有限公司，2025.08
240 面；14.8×21 公分

ISBN 978-626-7767-11-5（平裝）

1.CST：自我實現　2.CST：生活指導　3.CST：成功法

177.2　　114009811

心靈方舟 0068

致想太多的你

逃離腦內劇本、終結內耗循環，
韓國心理學博士教你不再被「思維牢籠」困住人生！

作　　者　邊池盈（변지영）
譯　　者　郭佳樺
主　　編　張祐唐
校對編輯　李芊芊
封面設計　林彥君
內頁設計　陳相蓉
特約行銷　徐千晴
總 編 輯　林淑雯

出 版 者　方舟文化／遠足文化事業股份有限公司
發　　行　遠足文化事業股份有限公司（讀書共和國出版集團）
231 新北市新店區民權路 108-2 號 9 樓
電話：（02）2218-1417　傳真：（02）8667-1851
劃撥帳號：19504465　戶名：遠足文化事業股份有限公司
客服專線 0800-221-029　E-MAIL service@bookrep.com.tw
網　　站　www.bookrep.com.tw
印　　製　中原造像股份有限公司
法律顧問　華洋法律事務所　蘇文生律師
定　　價　380 元
初版一刷　2025 年 8 月
初版二刷　2025 年 10 月

方舟文化官方網站　方舟文化讀者回函